쭈니뻴의 「세상모든」 시리즈

세상 모든 **중장비**　　세상 모든 **자동차**　　세상 모든 **경찰차**　　세상 모든 **소방차**　　세상 모든 어마어마한 **중장비**　　세상 모든 **밀리터리**

자동차 기차 배 비행기 대백과　　자동차 기차 배 비행기 대백과2　　세상 모든 명품자동차 열한 나라 이곳저곳　　세상 모든 명품비행기 6대주 52나라　　세상 모든 GOGOGO! 긴급자동차　　세상 모든 판타스틱 슈퍼카

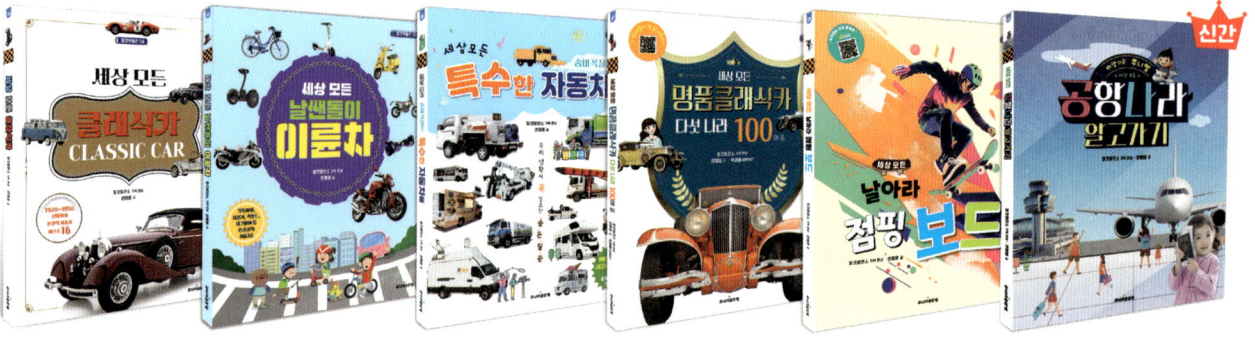

세상 모든 클래식카　　세상 모든 날쌘돌이 이륜차　　세상 모든 특수한 자동차　　세상 모든 명품클래식카 다섯나라 100여종　　세상 모든 날아라 점핑보드　　세상 모든 공항나라 알고가기

세상 모든 자동차
어떻게 갈까?

세상 모든
비행기 박물관

세상 모든 똑똑한 로봇

세상 모든 윙윙 드론

자동차퀴즈왕
트랙터의 모든 것

자동차퀴즈왕
자동차의 모든 것

자동차퀴즈왕
트럭의 모든 것

자동차퀴즈왕
메가머신의 모든 것

자동차퀴즈왕
바이크의 모든 것

자동차퀴즈왕
우주선의 모든 것

세상 모든
별난 탈것들

세상 모든
대중교통 타볼래?

세상 모든
친환경 차차차

세상 모든
쌩쌩기차

세상 모든
농기계들

세상 모든 어마무시한
탱크

세상 모든
신들의 UFO

꿈을 꾸는 어린이
드론 대백과

세상 모든 콜럼버스도
타고픈 버스들

세상 모든 배타고
지구 한 바퀴

기획 | 탈것발전소

우리가 사는 멋진 세상을 보려면 걷거나 타야 되잖아요? 이 꿈같은 세계를 멀리, 높게 가려면 반드시 「탈것」이 필요하지요.
'탈것발전소'는 세상의 탈것들을 모아모아 여러분의 궁금증을 풀어주려고 연구하는 곳이에요.

글 | 안명철

어렸을 때부터 책을 좋아하여 독일문학을 전공하고 출판사에 입사하여 기획과 편집 일을 하고 있습니다. 소소하게 몇 자 적어본 것이 연이 되어, 골든벨의 <세계 명품 자동차 투어> <어린이 드론 대백과> <세상 모든 경찰차> <세상 모든 소방차> <세상 모든 어마어마한 중장비> <세상 모든 밀리터리> <세상 모든 똑똑한 로봇> <세상 모든 친환경 차차차> 등의 '글밭'을 일구는 역할로 참여하였답니다.

세상 모든 명품비행기 6대주 52나라

초판 4쇄 펴낸날　2025년　9월　1일

기획 편성 탈것발전소
글 안명철

펴낸곳 주니어골든벨 | **발행인** 김길현
본문·표지디자인 여혜영 | **일러스트** 이예주(덕의초등학교)
등록 제1987-000018호
주소 서울시 용산구 원효로 245(원효로 1가 53-1) 골든벨 빌딩 6F
전화 도서 주문 및 발송 02-713-4135 / 회계 경리 02-713-4137
　　　내용 관련 문의 02-713-7452 / 해외 오퍼 및 광고 02-713-7453
홈페이지 www.gbbook.co.kr
ISBN 979-11-5806-609-3　73500
정가 18,000원

* 주니어골든벨은 (주)골든벨의 어린이 도서 브랜드입니다.
* 이 책은 저작권법에 따라 보호받는 저작물이므로, 저작권자와 주니어골든벨의 허락 없이는 이 책의 내용을 쓸 수 없습니다.

제품명: 세상 모든 명품비행기 6대주 52나라 | 제조자명: 주니어골든벨 | 제조국명: 대한민국 | 전화: 02-713-4135
주소: 서울시 용산구 원효로 245(원효로 1가 53-1) 골든벨 빌딩 6F | 사용 연령: 4세 이상
* KC 인증 유형: 공급자 적합성 확인
* KC마크는 이 제품이 공통안전기준에 적합하였음을 의미합니다.
⚠ 주의 아이들이 책을 입에 대거나 모서리에 다치지 않게 주의하세요.

탈것박물관 31

세상 모든 명품 비행기
6대주 52나라

탈것발전소 기획 편성
안명철 글

주니어골든벨

CONTENTS

다채로운 비행기의 세상으로 • 6
여섯 대륙으로 떠나는 비행기 여행 • 8

- **step 1** 여권이란 무엇일까? (+국적) • 10
- **step 2** 항공사란 무엇일까? (+저비용 항공사) • 12
- **step 3** 공항이란 무엇일까? (+허브 공항) • 14

첫 번째 대륙

아시아 • 16

아시아의 유명한 도시들 • 18

- 대한민국 대한항공 • 20
- 대한민국 아시아나항공 • 22
- 대한민국 제주항공 • 24
- 일본 일본항공(JAL) • 26
- 일본 전일본공수 • 28
- 중국 중국국제항공 • 30
- 중국 중국남방항공 • 32
- 태국 타이 항공 • 34

- 말레이시아 에어아시아 • 36
- 인도네시아 가루다 인도네시아 • 38
- 필리핀 필리핀 항공 • 40
- 베트남 베트남 항공 • 42
- 북한 고려항공 • 44
- 대만 중화항공 • 46
- 홍콩 캐세이 퍼시픽 항공 • 48
- 아랍에미리트 에미레이트 항공 • 50
- 카타르 카타르 항공 • 52
- 튀르키예 터키 항공 • 54
- 카자흐스탄 에어 아스타나 • 56
- 인도 에어 인디아 • 58

유럽 • 60

유럽의 유명한 도시들 • 62

- 영국 영국 항공 • 64
- 아일랜드 라이언에어 • 66
- 프랑스 에어 프랑스 • 68
- 독일 루프트한자 • 70
- 스위스 스위스 국제항공 • 72
- 네덜란드 KLM 네덜란드 항공 • 74

- **스페인** 이베리아 항공 • 76
- **포르투갈** TAP 포르투갈 항공 • 78
- **이탈리아** ITA 항공 • 80
- **그리스** 에게안 항공 • 82
- **북유럽3국** 스칸디나비아 항공 • 84
- **핀란드** 핀에어 • 86
- **러시아** 아에로플로트 • 88
- **폴란드** LOT 폴란드 항공 • 90
- **우크라이나** 우크라이나 국제항공 • 92

세 번째 대륙

아프리카 • 94

아프리카의 유명한 도시들 • 96

- **에티오피아** 에티오피아 항공 • 98
- **케냐** 케냐 항공 • 100
- **르완다** 르완다 에어 • 102
- **이집트** 이집트 항공 • 104
- **모로코** 로열 에어 모로코 • 106
- **알제리** 에어 알제리 • 108
- **세네갈** 에어 세네갈 • 110
- **코트디부아르** 에어 코트디부아르 • 112
- **남아프리카 공화국** 남아프리카 항공 • 114

네·다섯 번째 대륙

남·북 아메리카 • 116

아메리카의 유명한 도시들 • 118
- 미국 아메리칸 항공 • 120
- 미국 유나이티드 항공 • 122
- 미국 사우스웨스트 항공 • 124
- 캐나다 에어 캐나다 • 126
- 멕시코 아에로멕시코 • 128
- 파나마 코파 항공 • 130
- 콜롬비아 아비앙카 항공 • 132
- 칠레·브라질 라탐 항공 • 134
- 아르헨티나 아르헨티나 항공 • 136

여섯 번째 대륙

오세아니아 • 138

오세아니아의 유명한 도시들 • 140
- 호주 콴타스 항공 • 142
- 뉴질랜드 에어 뉴질랜드 • 144
- 피지 피지 항공 • 146
- 파푸아뉴기니 에어 뉴기니 • 148
- 바누아투 에어 바누아투 • 150

부록 다섯 개의 큰 바다 • 152

다채로운 비행기의 세상으로!

공항에 가면 다양한 색과 무늬를 가진
비행기들을 볼 수 있어요.

검은색, 빨간색, 파란색, 하얀색, 노란색, 초록색
구경하는 것만으로 눈이 즐거워요.

비행기마다 색과 무늬가 다른 이유는
소속된 회사가 다르기 때문이래요.

얼마나 다양한 비행기 회사가 있을까요?

여섯 대륙으로 떠나는 비행기 여행

어떠한 비행기 회사들이 있으며
각각 어떤 특징을 가지고 있을까?

그 궁금증을 풀기 위해
우리는
아시아, 유럽, 아프리카,
남·북아메리카, 오세아니아
여섯 대륙으로
여행을 떠날 거예요.

대륙마다 어떤 나라들이 있으며
나라마다 어떤 회사들이 있는지 알아볼게요.

참, 그전에 여러분이
준비해야 할 것이 있어요.

"아는 만큼 보인다!"

비행기 여행을 떠나는 데 꼭 필요한
세 가지의 기초 상식을
단계별로 재빠르게~~ 배워볼까요?

여권이란 무엇일까?

여권은 외국을 여행하는 사람의 국적과 신분을 증명해 주는 국제 신분증이에요. 여권 안에는 여권 주인의 이름, 얼굴 사진, 생년월일 등 다양하고 상세한 정보가 들어 있어요. 그래서 여권이 없다면 국제선 비행기를 탈 수 없답니다. 잃어버리지 않도록 조심해야 하며, 혹시 잃어버렸다면 꼭 다시 발급받아야 해요.

여권 앞면

안녕, 저는 여러분과 여행을 함께 하게 된 하은이에요. 만나서 반가워요.

세계의 여권

일본의 여권

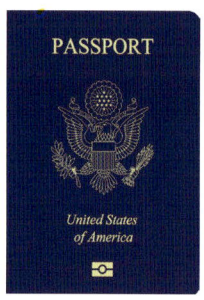
미국의 여권

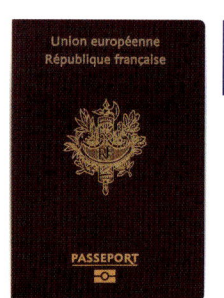 
프랑스의 여권

이것도 알자!

여권을 보면 국적을 알 수 있어요.

국적이란 내가 소속된 나라를 뜻해요. 여권을 보면 이 사람이 대한민국 사람인지, 미국 사람인지, 영국 사람인지 알 수 있어요. 복수 국적이란 국적이 두 개 이상인 경우를 말하는데, 이런 사람들은 여권을 두 개 이상 가지고 있어요.

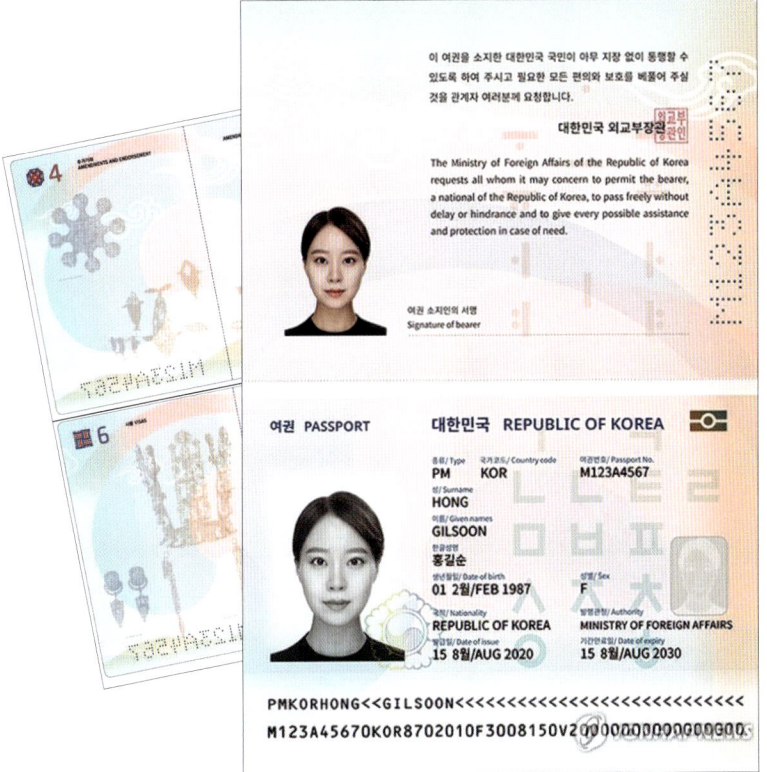

여권 속지

반가워요. 제 이름은 은수예요. 저도 여권을 가지고 있답니다.

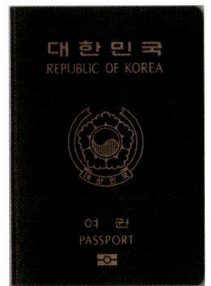 
대한민국 구여권

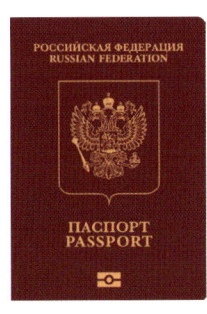 
러시아의 여권

멕시코의 여권

항공사란 무엇일까?

'항공'이란 비행기로 공중을 날아다닌다는 뜻이며, 항공사란 항공 운송 사업을 하는 회사를 말해요. 전 세계에 수백 곳이 있으며, 사람이 타는 여객기와 짐을 싣는 화물기를 운영해요. 여객기를 타면 편안한 여행이 되도록 다양한 서비스를 받을 수 있답니다. 물론 목적지까지 제시간에 안전하게 도착하는 것은 기본이지요.

일반 항공사

항공사의 직원들

● 기장/부기장

비행기를 조종하는 분들이에요.

● 기내 승무원

편안한 여행이 되도록 승객에게 다양한 서비스를 제공해요.

이것도 알자!

저비용 항공사를 이용하면 여행경비를 아낄 수 있어요.

일반 항공사보다 저렴한 가격에 탈 수 있는 저비용 항공사도 있어요. 가격을 어떻게 낮출까요? 단거리 노선에 집중하고, 서비스의 종류를 줄였습니다. 예를 들어, 일반 항공사는 티켓 안에 기내식이 포함되어 있지만, 저비용 항공사는 따로 주문해야 합니다.

저비용 항공사

그거 알아요? '여객'이란 여행하는 손님이란 뜻이래요.

일반 항공사, 저비용 항공사 맘에 드는 걸로 선택하세요.

● 지상 승무원

항공권 발급, 짐 보내기 등 탑승하기 전 일을 담당해요.

● 항공정비사

안전한 여행이 되도록 비행기를 유지·보수해요.

step 3 공항이란 무엇일까?

비행기를 이용할 수 있는 시설을 공항이라고 해요. 공항에는 비행기가 뜨고 내리는 기다란 활주로가 있으며, 승객과 화물이 드나드는 터미널 건물이 있습니다. 한 나라 안에서 이동한다면 국내공항에서 비행기를 타세요. 외국에 나가고 싶다면 여권을 챙겨서 국제공항에서 비행기를 타면 됩니다.

- 제 2 활주로
- 제 1 활주로
- 화물터미널
- 관제탑
- 제 2 여객터미널

> 가운데 뾰족 솟아있는 저건 무엇일까?

공항에서 하는 일

● 출국
항공권을 받고, 짐을 부치고, 출국 수속을 받은 후 비행기에 올라요.

● 환승
목적지까지 한 번에 가지 않고 중간에 다른 공항에서 갈아타는 것을 말해요.

이것도 알자!

각 항공사는 중심이 되는 허브 공항을 갖고 있어요.

허브(hub)란 '중심지'라는 뜻이에요. 각 항공사는 가장 중요한 중심 공항이 있답니다. 이 허브 공항에서 대부분의 출발이 이뤄지며, 이를 통해 다양한 항공편으로 환승할 수 있습니다. 우리나라 항공사의 허브 공항은 대부분 인천국제공항이에요.

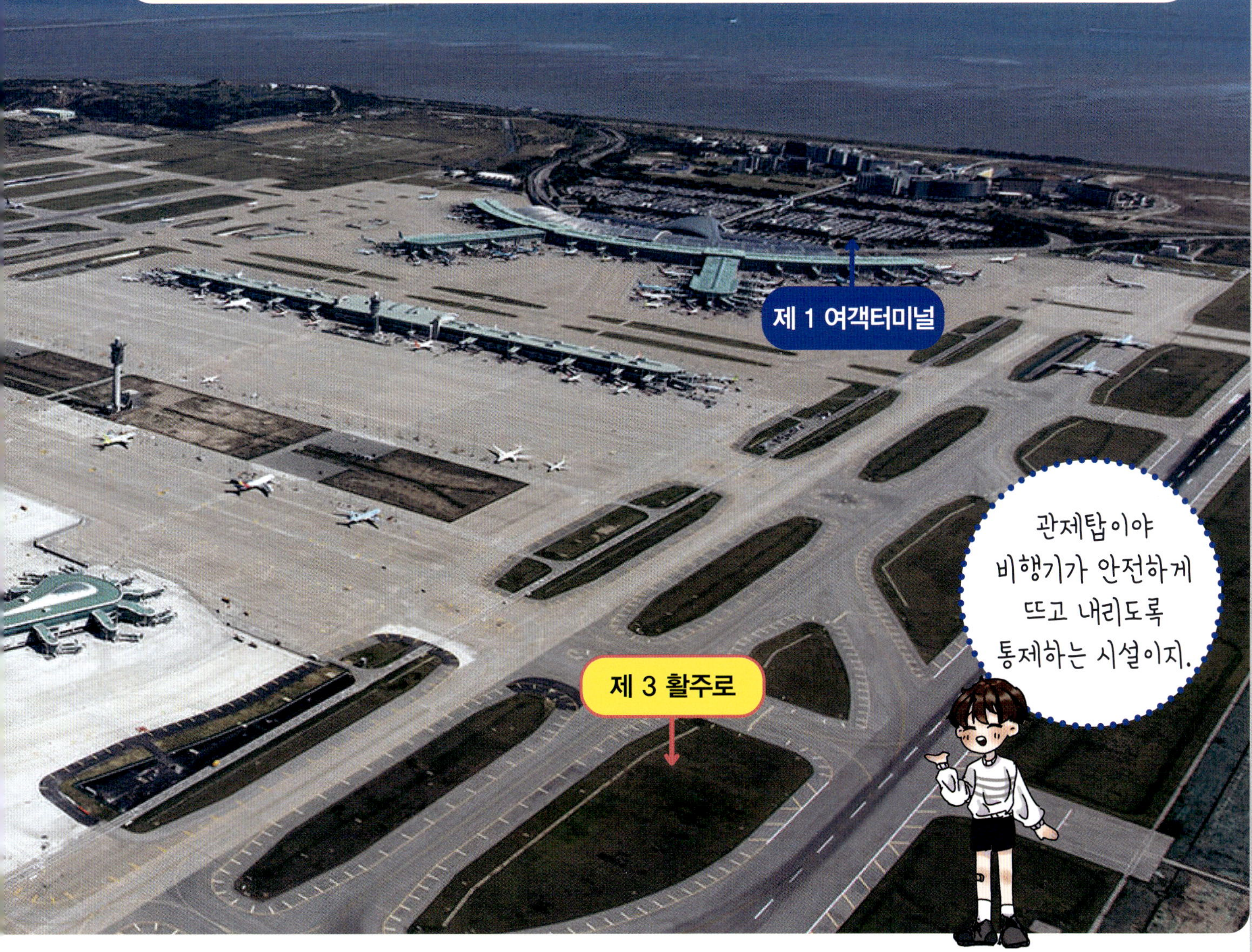

제 1 여객터미널

제 3 활주로

관제탑이야 비행기가 안전하게 뜨고 내리도록 통제하는 시설이지.

●입국

비행기에서 내린 후, 입국심사와 세관 검사를 받아요.

●면세쇼핑

출국 수속을 마친 사람들은 세금 없이 저렴하게 물건을 살 수 있어요.

아시아

아시아는 지구에서 가장 큰 대륙이에요. 전 세계 육지의 3분의 1을 차지하며, 전 세계 인구의 60%가 살고 있어요.

어떤 나라들이?

동북아시아에는 대한민국, 중국, 일본 등이 있어요. 중앙아시아에는 우즈베키스탄, 카자흐스탄 등이 있고, 동남아시아에는 태국, 베트남 등이 있어요. 서남아시아에는 사우디아라비아, 이라크 등이 있고, 남아시아에는 인도, 파키스탄 등이 있어요. 북아시아는 러시아가 대부분의 땅을 차지하고 있습니다.

어떤 자연환경이?

에베레스트 산

"세계의 지붕"이라 부르는 히말라야 산맥의 봉우리 중 하나예요. 네팔에 있으며, 높이가 8,448m로 세계에서 가장 높은 산이랍니다.

메콩 강

중국, 미얀마, 라오스, 태국, 캄보디아, 베트남까지 무려 여섯 나라를 지나가는 길이 4,350km의 거대한 강으로서, 없어서는 안 될 귀중한 수자원입니다.

백두산

한반도에서 가장 높은 산으로 북한과 중국의 국경에 있어요. 지금도 활동하고 있는 활화산으로, 정상에 천지라는 호수를 품고 있어요.

고비 사막

몽골과 중국 국경지대에 있으며, 지구에서 가장 북쪽에 위치한 사막이에요. 황사의 원인 중 하나이며, 공룡 화석이 많이 나오는 것으로 유명해요.

카스피 해

러시아, 카자흐스탄, 이란 등에 둘러싸인 세계에서 가장 큰 내륙 바다입니다. 호수라고 하기엔 너무 커서 바다라고 부르고 있어요.

아시아의 유명한 도시들

우리는 국제선 비행기를 탔습니다.
이 비행기는 어디로 향할까요?
국제공항이 있는 아시아의 도시들 중 유명한 곳들을 알아봅시다.

동북아시아

서울

대한민국의 수도 서울은 950만 인구를 가진 거대도시예요. 경복궁, 한강, 명동 등의 관광지가 있어요. 최근에는 한류의 영향으로 많은 외국인들이 방문하고 있어요.

도쿄

도쿄는 거대한 수도권을 형성하고 있으며, 일본의 정치, 경제, 문화의 중심지예요. 시부야, 신주쿠 등이 유명해요. 2021년에는 하계 올림픽이 열렸습니다.

베이징

베이징은 중국의 수도로, 2천만 명이 넘는 사람들이 살고 있어요. 자금성, 이화원 등 다양한 문화유적이 있으며, 만리장성의 일부도 볼 수 있어요.

동남아시아

방콕

방콕은 태국의 수도이며 세계적인 관광도시예요. 태국에서 가장 큰 강인 짜오프라야 강이 흐르며, 아름다운 문화유산과 다양한 볼거리가 가득해요.

싱가포르

싱가포르는 말레이반도 남쪽 끝에 위치한 도시국가예요. 크기와 인구는 작지만, 경제가 발전한 선진국이랍니다. 다양한 민족이 함께 살아서 공용어가 4개래요.

중앙아시아

알마티

수도는 아니지만, 카자흐스탄에서 가장 큰 도시예요. 120만 명이 살고 있어요. 해발 600~900m의 높은 곳에 있다 보니, 도시 주위가 높은 산으로 둘러싸여 있어요.

서남아시아

두바이

사막 위에 세운, 고층 건물이 즐비한 도시로 아랍에미리트의 중심지예요. 석유를 팔아 번 막대한 돈으로 건설했으며, 현재는 금융과 관광으로 유명해요.

테헤란

카스피 해 남쪽에 위치한 테헤란은 이란의 수도로서 860만 명이 살고 있어요. 서울과 자매결연을 한 것으로 유명한데, 이란에는 서울로라는 도로가 있답니다.

남아시아

뉴델리

뉴델리는 인도의 수도로서, 올드델리와 함께 거대한 수도권을 형성하고 있어요. 인도의 정치, 문화, 교통의 중심지랍니다. 인도 건국의 아버지 간디 박물관에도 들러보세요.

대한민국 
대한항공 KOREAN AIR

대한항공은 1946년 국영 항공사로 설립되었으며, 1969년에 민간 기업이 되었어요. 우리나라의 전통 태극무늬를 로고로 사용해요. 150대 이상의 비행기를 가지고 있고, 120곳 이상의 취항지를 가지고 있는 우리나라의 가장 큰 항공사입니다.

대한항공의 허브 공항
- 인천 국제공항
- 김포 국제공항(서울)

인천 국제공항

대한항공을 타보자!

비즈니스석

흥미로운 이야기

진에어 비행기

대한항공은 2008년 '진에어'라는 저비용 항공사를 만들었어요. 진에어는 대한항공과 협력하며, 대한항공보다 가까운 거리를 비교적 저렴한 가격으로 비행해요.

취항지란 비행기가 향하는 목적지를 말해요.

대한민국  아시아나항공 ASIANA AIRLINES

1988년 설립된 아시아나항공은 우리나라에서 두 번째로 큰 항공사예요. 비행기 꼬리 날개 무늬는 우리나라 전통 의상인 색동저고리를 나타낸 것이래요. 한때 경영 위기를 겪기도 했지만, 더 튼튼한 회사가 될 수 있도록 노력하고 있어요.

아시아나항공의 허브 공항
- 인천 국제공항
- 김포 국제공항(서울)

김포 국제공항

아시아나항공을 타보자!

이코노미석

나도 이렇게 예쁜 색동저고리 한복 입어보고 싶어.

흥미로운 이야기

아시아나항공은 2007년에 '에어부산', 2015년에는 '에어서울'이라는 저비용 항공사를 만들었어요.
특히 에어부산은 부산의 김해 국제공항을 중심으로 비행해요.

에어서울 비행기

대한민국  제주항공 JEJUair

제주항공은 2005년 우리나라에서 두 번째로 설립된 저비용 항공사예요. 제주도민과 제주도 관광객을 위한 항공사인 만큼 인천 국제공항은 물론 제주 국제공항을 중심으로 하고 있어요. 테마 색상 역시 제주도를 상징하는 감귤색이랍니다.

제주항공의 허브 공항

- 인천 국제공항
- 제주 국제공항

제주 국제공항

제주항공을 타보자!

이코노미석

저비용 항공사는 무료로 실을 수 있는 짐이 적은 편이에요.

흥미로운 이야기

티웨이항공 비행기

우리나라 최초의 저비용 항공사는 2004년에 설립된 '한성항공'이에요. 그런데 사업 부진으로 다른 회사가 인수하여 '티웨이항공'으로 이름을 바꿨습니다.

일본 🇯🇵
일본항공
JAPAN AIRLINES

1953년 설립된 일본항공은 줄여서 "JAL"이라고 부르며, 우리나라에서 쉽게 볼 수 있는 항공사 중 하나예요. 처음엔 국영 기업이었지만 1987년 민간 기업이 되었어요.
참, 로고 모양은 붉은 두루미를 일본 국기 모양으로 형상화한 것이래요.

저 붉은 두루미를 "츠루마루"라고 부른다는군요.

일본항공의 허브 공항
- 하네다 국제공항(도쿄)
- 나리타 국제공항(도쿄)

하네다 국제공항

일본항공을 타보자!

비즈니스석

흥미로운 이야기

김포 국제공항과 인천 국제공항처럼 도쿄에도 두 곳의 공항이 있어요. 시내와 가까운 거리에는 하네다 국제공항이, 시내와 먼 거리에는 나리타 국제공항이 있어요.

Haneda VS Narita

일본 🇯🇵
전일본공수 ANA

일본 항공의 라이벌 전일본공수는 1952년 설립되었으며, "ANA"라고 부릅니다. 도쿄와 오사카 두 도시에서 각각 성장하던 두 개의 회사가 합병하여 탄생했다고 해요. 원래 일본 항공보다 작은 규모였지만 최근에 눈에 띄게 성장하고 있습니다.

전일본공수의 허브 공항

- 하네다 국제공항(도쿄)
- 나리타 국제공항(도쿄)

나리타국제공항

전일본공수를 타보자!

이코노미석

중국
중국국제항공

중국국제항공은 1988년 설립된 국영기업으로 중국의 제1항공사예요. 한자로 쓴 회사명은 중국의 옛 지도자인 덩샤오핑이 직접 썼다고 해요. 로고에 그려진 빨간색 새는 죽지 않는 불사조를 뜻하며, 자세히 보면 영어로 VIP의 형상이랍니다.

VIP는 '매우 중요한 손님' 이라는 뜻이에요.

중국국제항공의 허브 공항
- 베이징 서우두 국제공항
- 상하이 푸둥 국제공항

베이징 서우두 국제공항

중국국제항공을 타보자!

이코노미석

 **흥미로운 이야기**

땅이 넓고 인구도 많은 중국은 항공사의 수가 아주 많은데요. 그중 중국국제항공이 제1항공사인 이유는 중국 정부의 높은 사람이 해외 방문 시 이용하기 때문입니다.

정부 인사의 해외 방문

중국
중국남방항공 中国南方航空 CHINA SOUTHERN

1989년 설립된 중국남방항공은 규모 면으로는 중국에서 가장 큰 항공사예요. 원래는 이름처럼 중국의 남쪽 지방이 주력이었지만, 중국북방항공을 인수하면서 전국적인 규모로 커졌습니다. 하늘색 바탕에 붉은색 꽃을 상징으로 넣었어요.

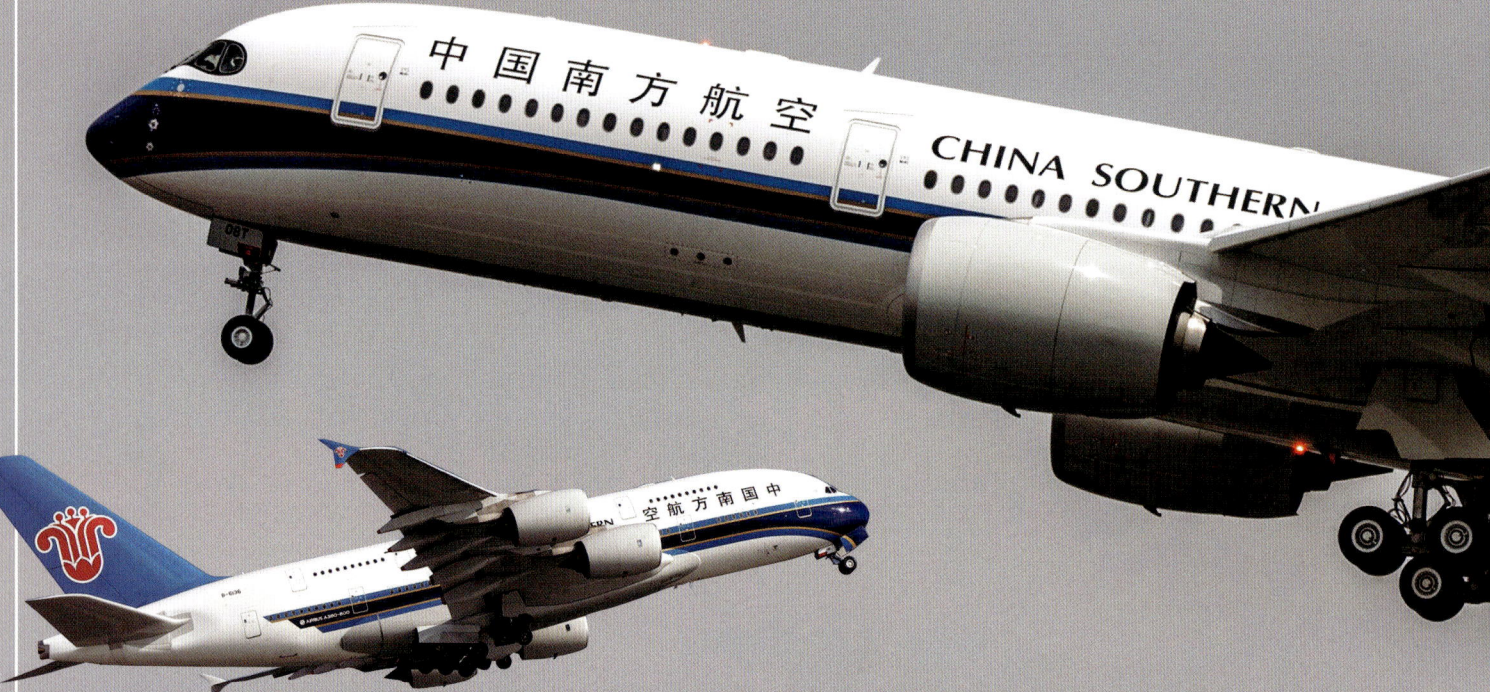

중국남방항공의 허브 공항
- 베이징 서우두 국제공항
- 광저우 바이윈 국제공항

광저우 바이윈 국제공항

중국남방항공을 타보자!

비즈니스석

광저우는 중국 남부에 있는 인구 1,800만 명의 대도시야.

흥미로운 이야기

중국국제항공, 중국남방항공, 중국동방항공을 중국의 3대 항공사라고 불러요. '중국동방항공'은 동쪽의 상하이가 중심이며, 꼬리 날개에 그려진 새는 제비라고 합니다.

중국동방항공 비행기

태국
타이 항공

1960년에 설립된 타이 항공은 태국 제1의 항공사로 국영 기업이에요.
태국은 관광대국이라서 전 세계에서 많은 여행객들이 찾아오지요.
로고의 무늬는 금빛의 사원, 열대 난초, 고급 실크 등 태국의 전통적인 이미지를 형상화한 것이래요.

타이 항공의 허브 공항
- 방콕 수완나품 국제공항
- 치앙마이 국제공항

방콕 수완나품 국제공항

타이 항공을 타보자!

이코노미석

우와! 비행기가 노을빛으로 붉게 빛나고 있어.

흥미로운 이야기

태국에는 왕이 살고 있어요. 현 국왕의 이름은 '마하 와치랄롱꼰'으로 "라마 10세"라고 합니다. 태국에서 왕에게 안 좋은 말을 하면 처벌을 받을 수도 있어요.

태국 방콕에 있는 왕궁

말레이시아
에어아시아 airasia

에어아시아는 1993년 설립된 저비용 항공사인데요. 본국인 말레이시아 외에도 태국, 인도네시아, 필리핀, 인도 등에 별도의 자회사를 만들어 활동하는 대기업입니다. 저비용 항공사이지만 일반 항공사만큼 유명하고 회사의 규모가 크답니다.

> 저비용 항공사라서 좌석의 간격이 조금 좁다고 하네요.

에어아시아의 허브 공항
- 쿠알라룸푸르 국제공항
- 코타키나발루 국제공항

쿠알라룸푸르 국제공항

에어아시아를 타보자!

이코노미석

흥미로운 이야기

말레이시아에도 물론 일반 항공사가 있습니다. 말레이시아 항공은 1947년에 설립되었으며, 에어아시아보다는 작은 규모입니다. 보통은 그 반대인데 신기하네요.

말레이시아 항공 비행기

인도네시아
가루다 인도네시아

가루다 인도네시아는 1949년 설립된 국영 항공사예요. 로고는 '가루다'라는 이름의 새를 형상화하였어요. 안전 문제로 유럽에 취항을 못하는 불명예를 입던 시절도 있었지만, 현재는 안전과 서비스 모두 우수한 항공사로 거듭났습니다.

가루다 인도네시아의 허브 공항
- 자카르타 수카르노 하타 국제공항
- 덴파사르 응우라라이 국제공항

자카르타 수카르노 하타 국제공항

가루다 인도네시아를 타보자!

이코노미석

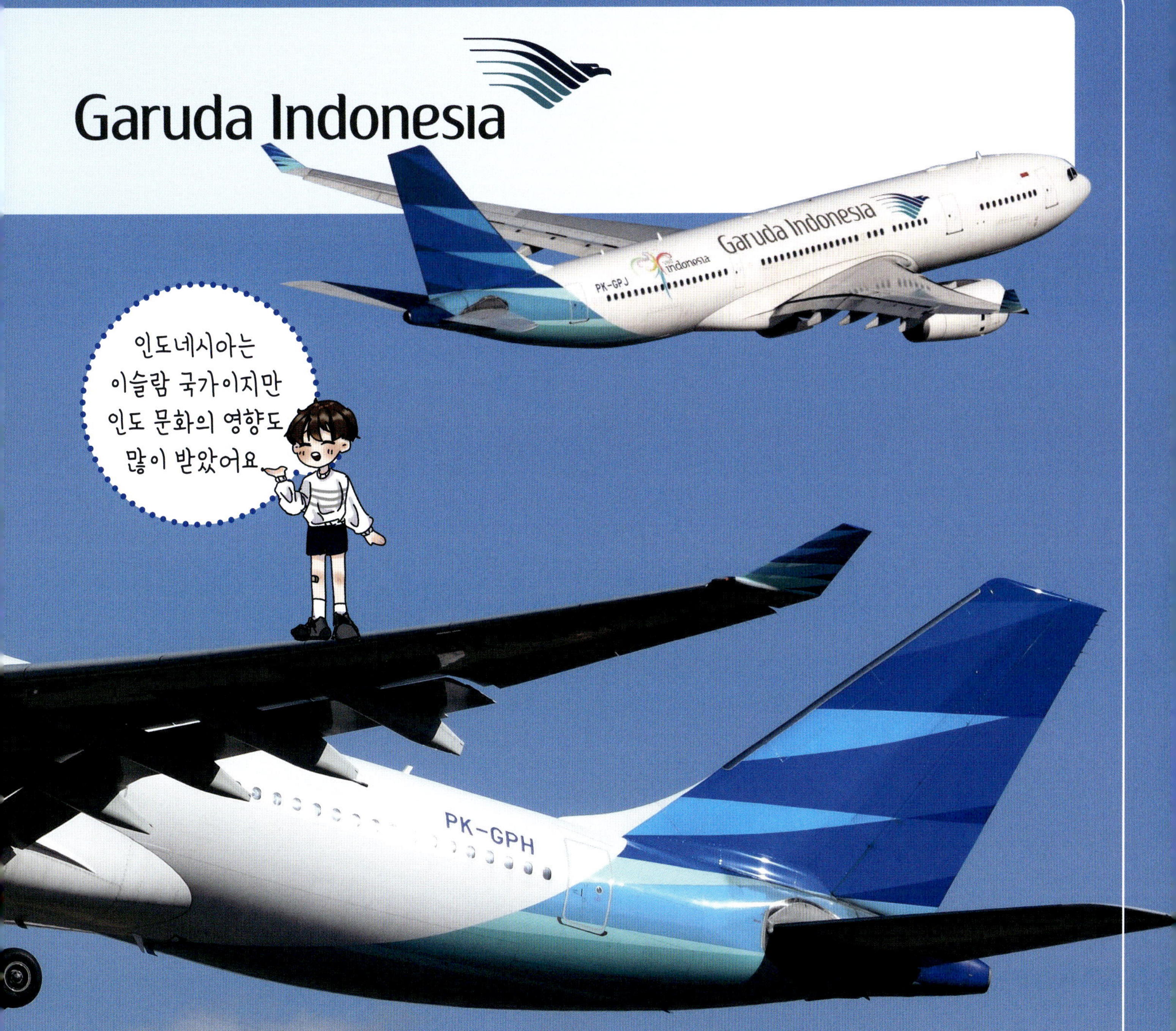

Garuda Indonesia

인도네시아는 이슬람 국가이지만 인도 문화의 영향도 많이 받았어요.

'가루다'는 인도 힌두교 신화에서 비슈누 신이 타고 다니는 날아다니는 탈것을 말한대요. 독수리를 닮았으며, 새의 날개를 지닌 신으로 묘사되기도 한답니다.

가루다를 타고 비행하는 비슈누

필리핀
필리핀 항공 Philippine Airlines

1941년에 설립된 필리핀 항공은 동북·동남아시아에서 가장 오래된 항공사입니다. 1997년 아시아 금융 위기 때 특히 큰 어려움을 겪었지만 잘 견뎌내었습니다. 로고 문양은 필리핀의 국기에서 따왔는데요, 빛나는 노란색 광선은 태양을 상징한대요.

1941년이라니 정말 일찍 만들어진 항공사군요.

필리핀 항공의 허브 공항
- 니노이 아키노 국제공항(마닐라)
- 막탄 세부 국제공항

니노이 아키노 국제공항

필리핀 항공을 타보자!

이코노미석

세부 퍼시픽 비행기

1988년 설립된 '세부 퍼시픽'은 필리핀 국적의 저비용 항공사인데요. 우리나라 여행객이 필리핀에 여행 갈 때 특히 자주 이용하는 항공사 중 하나입니다.

베트남

베트남 항공 Vietnam Airlines

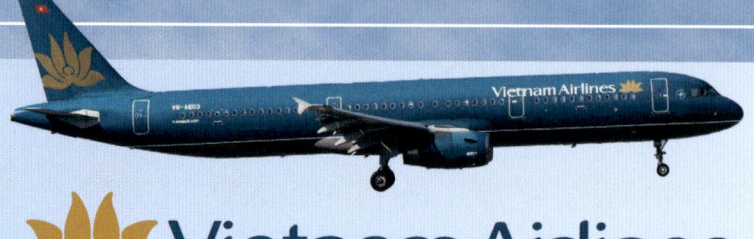

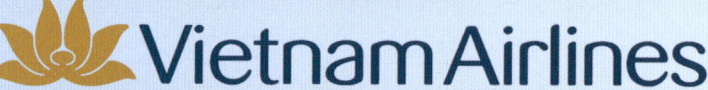

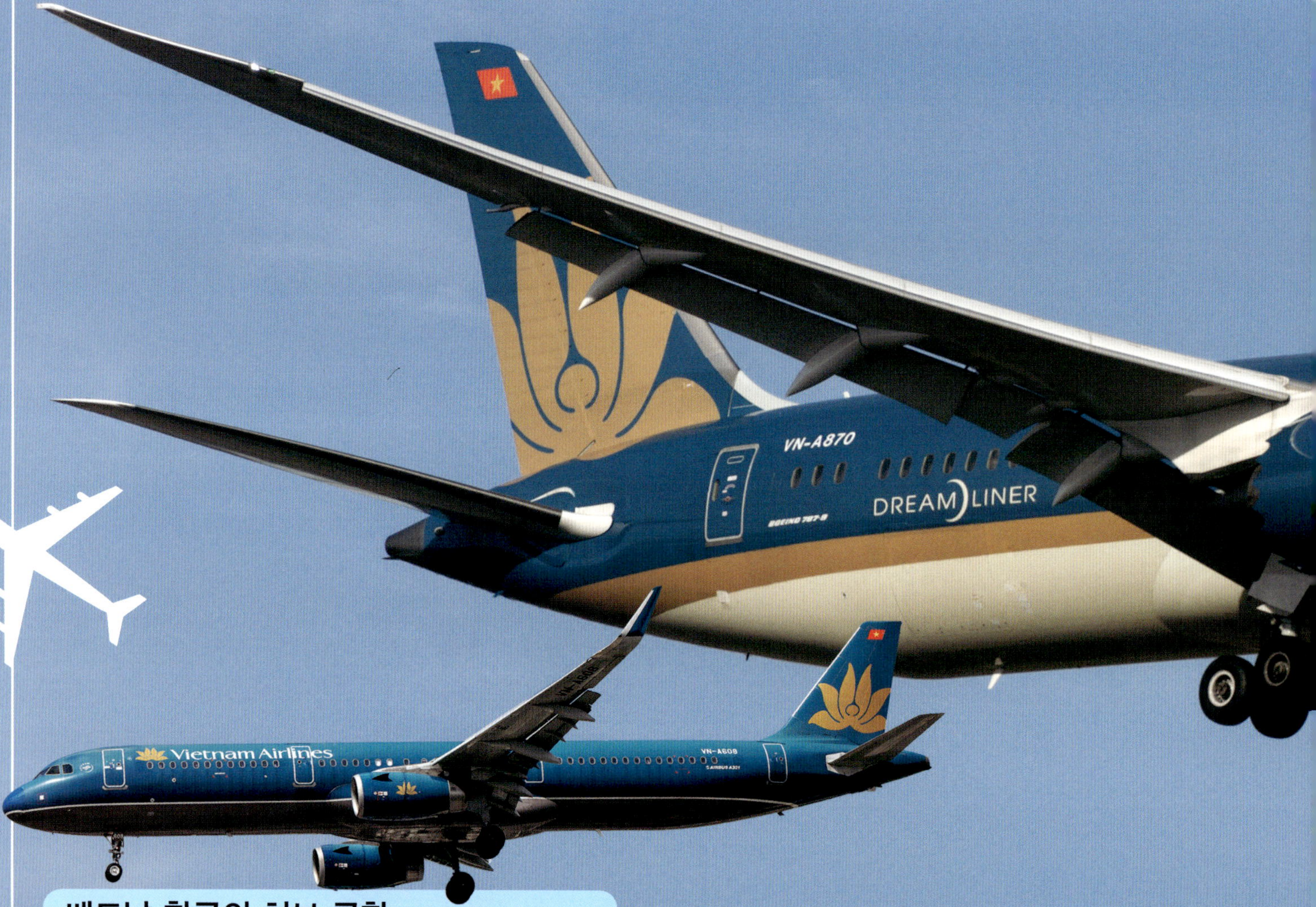

베트남 항공의 허브 공항

- 하노이 노이바이 국제공항
- 호찌민 떤선녓 국제공항

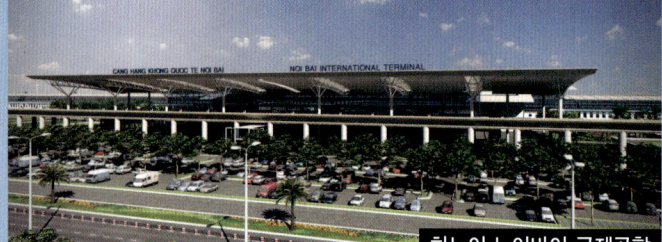

하노이 노이바이 국제공항

베트남 항공을 타보자!

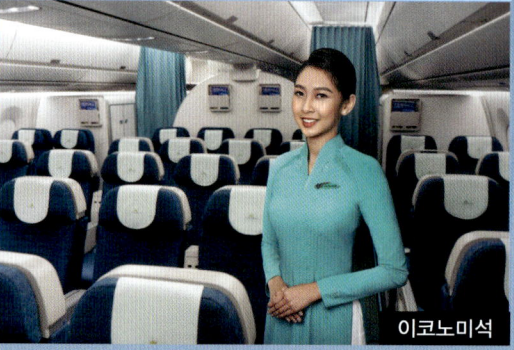

이코노미석

베트남 항공은 1956년 설립된 국영 기업이에요. 베트남은 북쪽의 하노이가 수도이지만, 남쪽의 호찌민이 더 큰 도시예요. 그래서 두 곳의 허브 공항을 가지고 있어요. 신비한 푸른빛으로 바탕색을 칠했으며, 로고 그림은 황금 연꽃이랍니다.

왜 연꽃일까요? 바로 베트남의 국화가 연꽃이거든요!

흥미로운 이야기

비엣젯 항공 비행기

'비엣젯 항공'은 빠르게 성장하고 있는 베트남의 저비용 항공사입니다. 원래 에어아시아의 베트남 자회사였지만, 소유주가 바뀐 후 이름을 바꾸고 새롭게 출발했습니다.

북한
고려항공

1955년 설립된 고려항공은 러시아와 중국에 취항하는 작은 항공사입니다. 보잉이나 에어버스 같은 서방의 비행기는 없으며, 러시아와 우크라이나의 비행기를 사용합니다. 꼬리 날개에는 북한의 국기가 그려져 있으며, 로고의 새는 두루미입니다.

> 두루미는 '학'이라고도 하며 한반도에서 볼 수 있는 큰 새 중 하나랍니다.

고려항공의 허브 공항
- 평양 순안 국제공항

평양 순안 국제공항

고려항공을 타보자!

이코노미석

흥미로운 이야기

우리나라 사람은 고려항공을 탈 수 없습니다. 한국인은 북한에 입국하는 것이 불법이기 때문입니다. 다만 외국의 공항에서 비행기를 구경해 볼 수는 있겠죠.

출발 준비 중인 고려항공 비행기

대만
중화항공

CHINA AIRLINES

중화항공은 1959년 국영 기업으로 설립되었어요. 비행기 꼬리 날개에 그려진 분홍색의 예쁜 꽃은 대만의 국화인 매화랍니다. 중국행 노선이 많으며, 특히 이 회사의 타이베이-홍콩 노선은 전 세계적으로 아주 붐비는 노선 중의 하나예요.

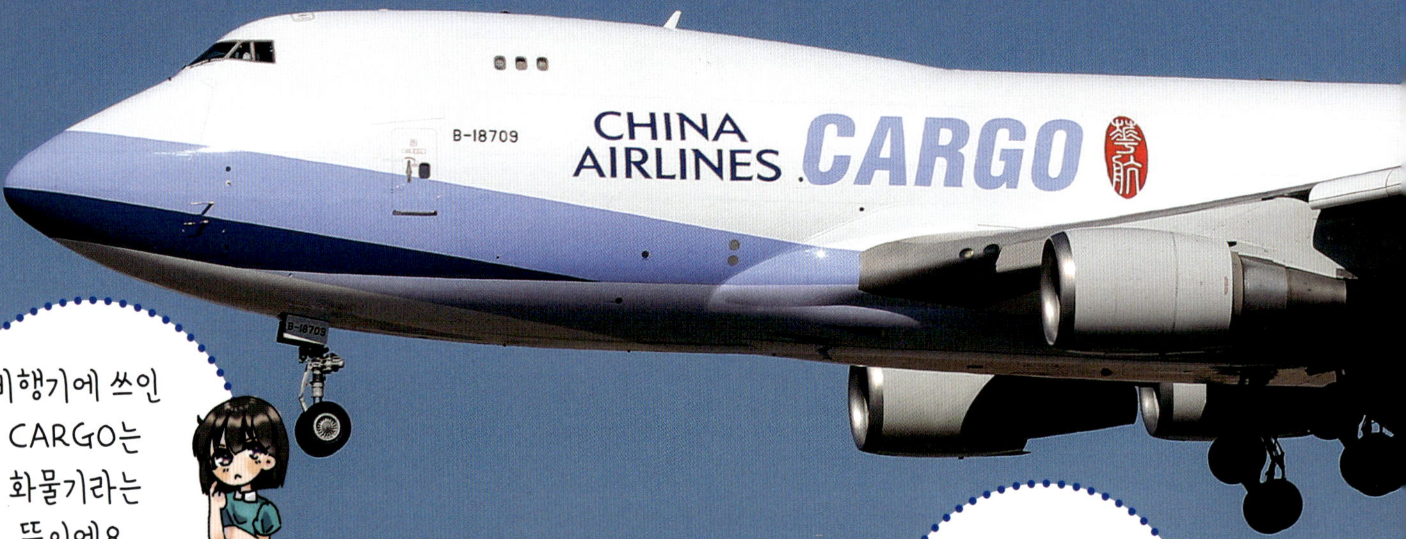

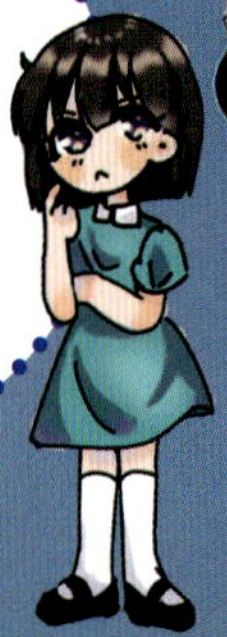

> 비행기에 쓰인 CARGO는 화물기라는 뜻이에요.

> 여객기는 별도로 표시하지 않아요.

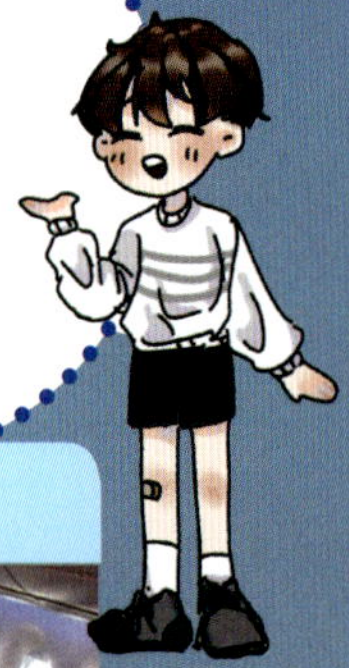

중화항공의 허브 공항
- 타이완 타오위안 국제공항(타이베이)
- 가오슝 국제공항

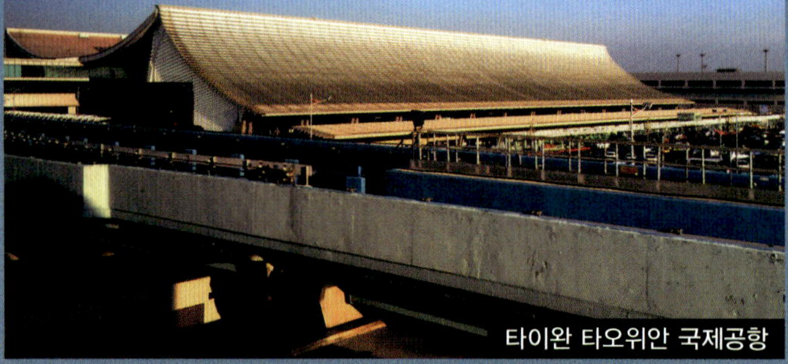

타이완 타오위안 국제공항

중화항공을 타보자!

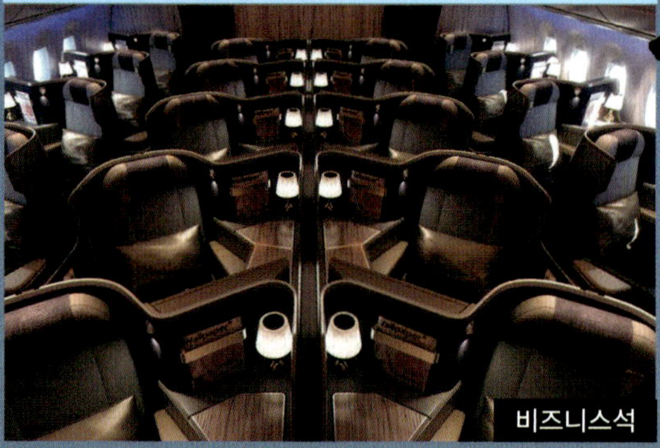

비즈니스석

흥미로운 이야기

1989년 설립된 '에바 항공'은 대만 제2의 항공사로 중화항공의 라이벌이에요. 에바는 에버그린(늘푸른나무)을 줄인 말이래요. 비행기가 초록색인 이유를 알겠죠?

에바 항공 비행기

홍콩
캐세이 퍼시픽 항공

1946년 당시 영국의 영토였던 홍콩에서 한 미국인과 호주인이 캐세이 퍼시픽 항공을 설립했어요. '캐세이'는 '옛 중국'이란 뜻이고, '퍼시픽'은 태평양이라는 뜻이래요. 로고의 무늬는 넓은 하늘을 자유롭게 날고 있는 새의 모습이랍니다.

홍콩은 태평양을 마주하고 있는 국제적인 금융도시에요.

캐세이 퍼시픽 항공의 허브 공항

● 홍콩 국제공항

홍콩 국제공항

캐세이 퍼시픽 항공을 타보자!

이코노미석

CATHAY PACIFIC

흥미로운 이야기

캐세이 퍼시픽 항공과 정말 비슷하죠? 1985년 설립된 '드래곤 항공'이 캐세이 퍼시픽에 인수되면서, 캐세이 퍼시픽의 자회사인 '캐세이 드래곤 항공'이 되었어요.

캐세이 드래곤 비행기

아랍에미리트
에미레이트 항공

1985년 설립된 에미레이트 항공은 중동 제1의 항공사이며, 세계적으로 다섯 손가락 안에 들어갈 만큼 큰 규모의 항공사입니다. 막대한 자금으로 신형 비행기를 많이 구입하는 것으로 유명해요. 꼬리 날개의 색상은 아랍에미리트의 국기입니다.

이슬람권 항공사이므로 기내식에 돼지고기가 없어요.

에미레이트 항공의 허브 공항
● 두바이 국제공항

두바이 국제공항

에미레이트 항공을 타보자!

퍼스트 클래스

흥미로운 이야기

아랍에미리트는 7개 나라가 연합한 국가인데요. 그중 두바이가 설립한 에미레이트 항공과, 아부다비가 2003년에 설립한 '에티하드 항공'은 서로 라이벌 관계입니다.

에티하드 항공 비행기

카타르
카타르 항공

카타르 항공은 1993년 카타르 왕실이 설립한 국영 항공사로, 중동 지역의 또 하나의 대형 항공사입니다. 꼬리 날개에 그려진 보라색 무늬는 카타르의 상징 동물인 '아라비아 오릭스'인데요. 매우 빠른 속도로 달리는 것으로 유명하다고 해요.

카타르 항공의 허브 공항
● 도하 하마드 국제공항

도하 하마드 국제공항

카타르 항공을 타보자!

비즈니스석

흥미로운 이야기

사우디아라비아의 '사우디아 항공'은 1945년 설립되었습니다. 이슬람교의 중심국인만큼 이 항공사를 이용한다면, 성경이나 십자가, 불상 등을 가지고 탈 수 없습니다.

사우디아 항공 비행기

기내식은 이슬람교 율법에 맞춘 '할랄 푸드'가 제공돼요.

터키 항공

튀르키예

 TURKISH AIRLINES

> 튀르키예는 아시아 국가가 아니라 유럽 국가로 분류되기도 합니다.

터키 항공의 허브 공항
- 이스탄불 아타튀르크 국제공항
- 앙카라 국제공항

이스탄불 아타튀르크 국제공항

터키 항공을 타보자!

이노코미석

1933년 설립된 터키 항공은 오랜 역사만큼 취항하는 나라가 120여 개에 달합니다. 튀르키예는 아시아, 유럽, 아프리카 세 대륙이 만나는 지점에 있거든요. 그래서 환승 승객이 많아요. 로고는 세계에서 가장 높이 나는 새인 기러기랍니다.

기러기는 8,840m까지 높이 올라갈 수 있대요.

자료출처: 터키항공 트위터

흥미로운 이야기

2022년 터키의 국제 공식 명칭이 "튀르키예"로 바뀌었으며, 우리나라도 튀르키예라고 부르기로 하였어요. 혹시 터키 항공도 튀르키예 항공으로 바뀌게 될까요?

튀르키예 공화국 국기

카자흐스탄
에어 아스타나 air astana

카자흐스탄의 수도 누르술탄은 예전에 아스타나라는 이름이었어요.

에어 아스타나의 허브 공항
- 누르술탄 나자르바예프 국제공항
- 알마티 국제공항

누르술탄 나자르바예프 국제공항

에어 아스타나를 타보자!

이코노미석

에어 아스타나는 2001년에 설립되었어요. 아스타나는 카자흐스탄어로 수도라는 뜻이며, 실제로 옛 수도의 이름이기도 합니다. 로고는 금빛을 띈 카자흐스탄의 전통 무늬라고 해요. 우리나라에서는 이 비행기를 타고 알마티로 갈 수 있답니다.

흥미로운 이야기

카자흐스탄 사람들은 계절마다 이동하는 유목 생활을 했는데요. 바닥에 '시르마크'라는 전통 카펫을 깔았어요. 이 카펫을 다양한 전통 문양으로 화려하게 꾸몄답니다.

카자흐스탄 전통 문양

인도
에어 인디아

1936년 민간 기업으로 설립된 에어 인디아는 오랜 시간을 국영 기업으로 지내다가 최근에 다시 민간 기업이 되었어요. 재미있는 역사네요. 로고 무늬는 백조의 날개 그림 안에, 인도의 세계 문화유산인 "코나라크의 바퀴"를 표현한 것이래요.

에어 인디아의 허브 공항
- 뭄바이 차트라파티 시바지 국제공항
- 뉴델리 인디라 간디 국제공항

뉴델리 인디라 간디 국제공항

에어 인디아를 타보자!

이노코미석

유럽으로 분류되기도 하는 튀르키예를 빼면 에어 인디아가 아시아에서 가장 오래된 항공사예요.

흥미로운 이야기

인도의 코나라크에는 13세기에 건축된 태양신 사원이 있어요. 그곳에는 화려하게 생긴 24개의 전차 바퀴 장식이 있는데요. 사계절과 열두 달을 표현한 것이래요.

코나라크의 바퀴

유럽

유럽은 아시아의 서쪽 방향에 있어요. 지리가 아닌 문화적으로 구별되는 대륙이며, 선진국들이 많은 편이에요.

어떤 나라들이?

서유럽에는 영국, 프랑스, 독일, 스위스 등이 있어요. 북유럽에는 스웨덴, 핀란드, 리투아니아 등이 있고, 동유럽에는 폴란드, 러시아, 루마니아, 우크라이나 등이 있어요. 남유럽에는 스페인, 이탈리아, 포르투갈, 그리스 등이 있습니다.

어떤 자연환경이?

알프스 산맥

유럽에서 가장 큰 산맥으로 여러 국가에 걸쳐있어요. 최고봉은 프랑스와 이탈리아의 국경에 걸쳐 있는 높이 4,807m의 몽블랑 산이랍니다.

지중해

육지로 둘러싸인 바다라는 뜻인데요. 지중해성 기후라는 독특한 날씨를 보여주며, 스페인, 이탈리아, 그리스 등 남유럽 나라들에 맞닿아 있어요.

피오르

빙하의 침식에 의해 만들어진 매끈한 계곡에 바닷물이 차오른 길고 좁은 만을 말해요. 노르웨이처럼 북극과 가까운 나라에서 볼 수 있어요.

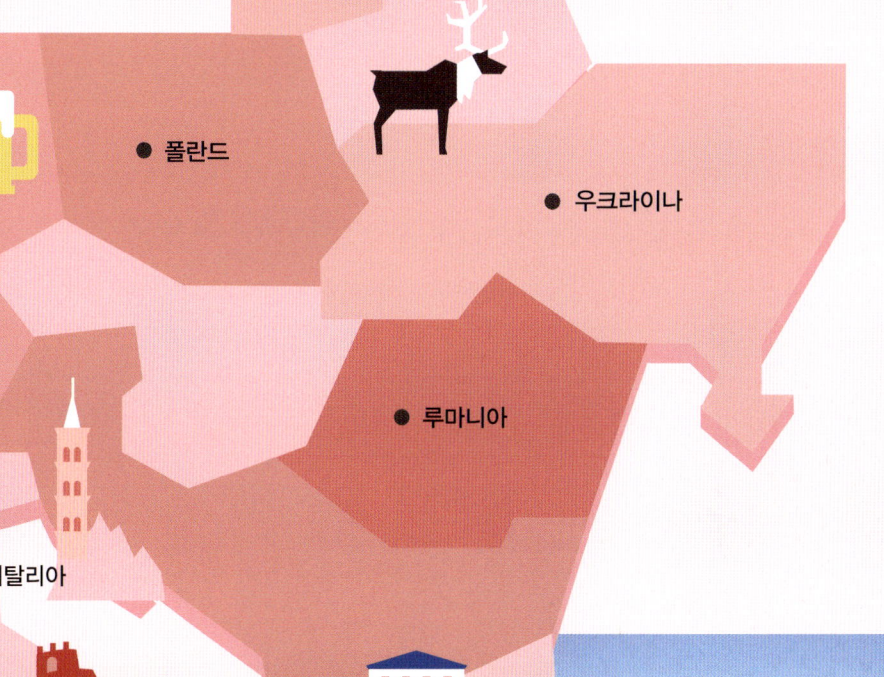

캅카스 산맥

유럽 동부의 조지아, 아르메니아 등에 걸쳐 있는 산악지형이에요. 이 산맥을 기점으로 북쪽은 유럽이며, 남쪽은 아시아로 구별한답니다.

볼가 강

유럽에는 라인 강, 다뉴브 강, 센 강 등 유명한 강이 많아요. 그중 길이가 가장 긴 강은 유럽 동부의 러시아를 세로로 흐르는 3,690km의 볼가 강입니다.

유럽의 유명한 도시들

우리는 국제선 비행기를 탔습니다.
이 비행기는 어디로 향할까요?
국제공항이 있는 유럽의 도시들 중 유명한 곳들을 알아봅시다.

서유럽

런던

영국의 수도이며 정치, 경제, 문화의 중심지입니다. 빅벤과 빨간색 2층 버스, 런던 지하철 등이 유명해요. 뉴욕, 도쿄와 함께 세계 3대 도시로 불리기도 합니다.

파리

에펠탑은 파리의 상징입니다. 프랑스의 수도인 이곳은 예술과 패션의 도시이며, 매년 수천만 명의 관광객을 불러들이는 관광의 도시이기도 합니다.

베를린

독일의 수도이자 최대 도시입니다. 독일이 서독과 동독으로 분단되었던 시절에, 베를린을 반으로 나누었던 '베를린 장벽'으로 유명합니다.

동유럽

모스크바

모스크바는 러시아의 수도이며, 유럽에서 인구가 가장 많은 도시입니다. 성 바실리 성당과 붉은 광장으로 유명해요. 국제공항을 무려 4개나 가지고 있습니다.

바르샤바

폴란드의 수도인 바르샤바는 전통과 현재가 어우러진 국제도시입니다. 바르샤바 국제공항은 폴란드의 유명한 음악가 쇼팽의 이름을 붙였습니다.

프라하

체코의 수도 프라하는 역사가 오래된 건축물들을 많이 보존하고 있어 관광객이 많습니다. 바다가 없어서 여름에는 많이 덥고, 겨울에도 춥다고 해요.

북유럽

스톡홀름

스웨덴의 수도이자 스칸디나비아 반도의 최대 도시입니다. 이곳에서 매년 노벨상 수상식이 개최된답니다. 물가는 많이 비싸대요.

남유럽

로마

이탈리아의 수도이며, 과거에는 로마 제국의 수도였습니다. 수많은 문화유적들이 있고, 관광객들이 넘쳐납니다. 따뜻한 지중해성 기후에 속하는 도시이기도 합니다.

마드리드

스페인의 수도이며, 스페인 국토의 정중앙에 위치합니다. 프라도 미술관과 마드리드 왕궁에 방문해 보세요. 스페인은 한때 유럽에서 가장 강력한 나라였답니다.

영국

영국 항공 BRITISH AIRWAYS

영국 항공은 기존에 있던 영국의 여러 항공사들을 1974년에 하나로 합병하면서 설립되었어요. 로고는 영국 국기인 '유니언잭'의 컬러를 흩날리는 리본으로 표현한 것입니다. 브리티시(British-영국인)는 영국 본토인 '브리튼 섬'에서 나온 말이에요.

영국 항공의 허브 공항
● 런던 히스로 국제공항

런던 히스로 국제공항

영국 항공을 타보자!

비즈니스석

합병 전의 역사를 포함한다면 무려 1924년까지 올라가는 회사예요.

흥미로운 이야기

영국 항공 콩코드 비행기

소리보다 빠른 초음속 비행기 콩코드를 아세요? 영국과 프랑스 단 두 나라에서 1976~2003년 운행했어요. 소음이 크고 경제성이 안 좋아서 결국 사라졌습니다.

아일랜드 🇮🇪
라이언에어　RYANAIR

1985년 설립된 라이언에어는 유럽에서 가장 큰 저비용 항공사입니다.
일반 항공사가 아니므로 취항지는 대부분 가까운 유럽에 몰려있어요.
하지만 웬만한 일반 항공사보다도 더 큰 회사랍니다.
로고의 뜻은 아일랜드의 전통 하프(악기)래요.

서비스를 엄청나게 줄였다는데 불편하지 않을까?

라이언에어의 허브 공항

● 더블린 국제공항

더블린 국제공항

라이언에어를 타보자!

이노코미석

정말 필요한 서비스가 있다면 추가 요금을 내고 이용할 수 있어.

흥미로운 이야기

라이언에어의 요금이 저렴한 비밀은 뭘까요? 일부러 멀리 떨어진 작은 공항에서 타고 내린다거나, 티켓을 직접 출력한다거나 하는 식으로 서비스를 줄였습니다.

라이언에어의 수하물 규정

프랑스 🇫🇷
에어 프랑스 AIRFRANCE

에어 프랑스는 1933년에 다섯 항공사를 통합하여 설립되었어요. 1983년에는 유럽 항공사 중 가장 처음으로 우리나라에 취항했죠. 비행기를 감싸고 있는 파란색, 빨간색, 하얀색은 프랑스의 국기 색상이자 프랑스를 상징하는 대표 색이에요.

에어 프랑스를 타면 기내식으로 프랑스의 국민 빵 바게트를 준대요.

에어 프랑스의 허브 공항
● 파리 샤를 드골 국제공항

파리 샤를 드골 국제공항

에어 프랑스를 타보자!

이코노미석

흥미로운 이야기

에어 프랑스도 영국 항공처럼 과거에 콩코드를 운영했습니다. 일반 비행기보다 두 배 이상 빠르지만, 소음이 크고, 연비가 나쁘고, 멀리 갈 수 없다는 단점이 있었어요.

에어 프랑스 콩코드 비행기

독일 🇩🇪
루프트한자 Lufthansa

2차 세계대전으로 기존의 독일 항공사들이 모두 문을 닫았고, 1953년에 루프트한자가 새롭게 설립되었어요. 루프트한자는 독일어로 '항공 연맹'이라는 뜻이래요. 현재 유럽에서 가장 큰 항공사이며, 원 안에 들어있는 새는 두루미(학)입니다.

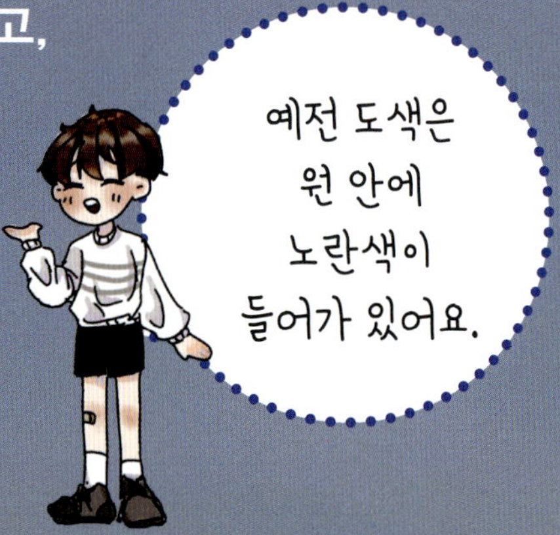

> 예전 도색은 원 안에 노란색이 들어가 있어요.

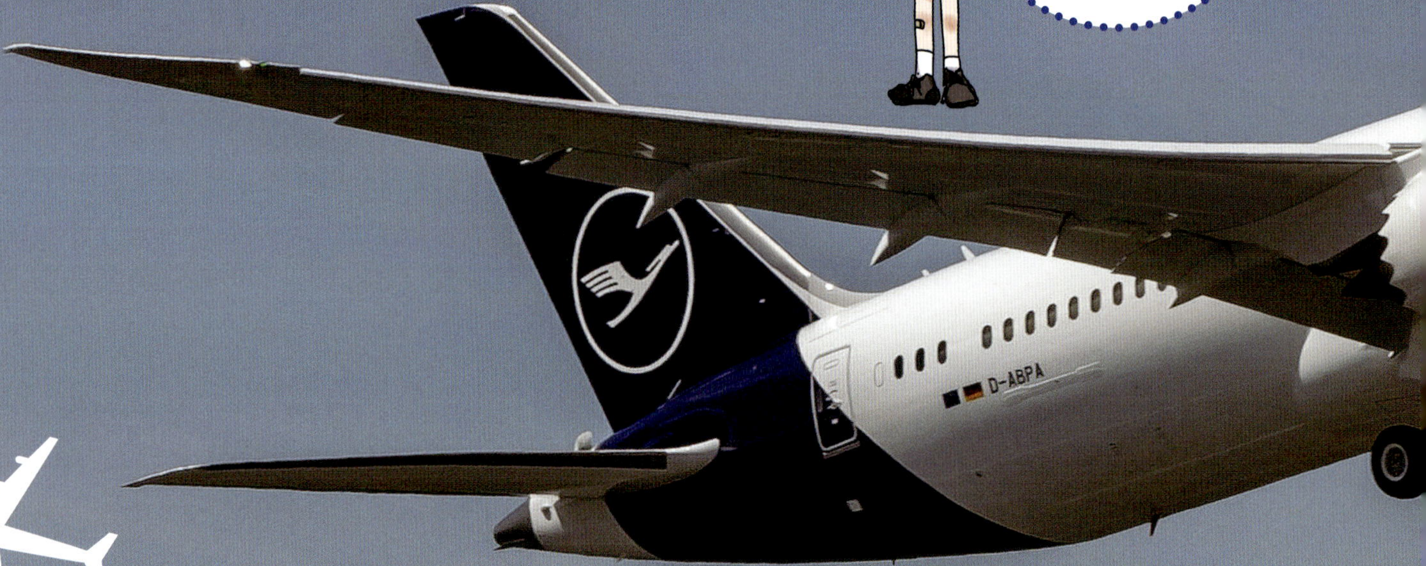

루프트한자의 허브 공항
- 프랑크푸르트 암마인 국제공항
- 뮌헨 국제공항

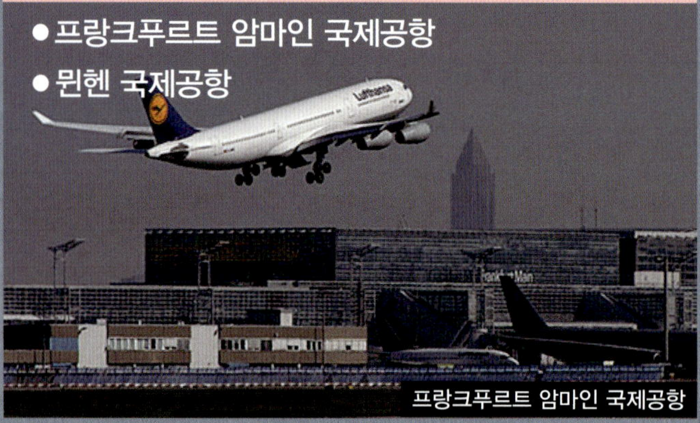

프랑크푸르트 암마인 국제공항

루프트한자를 타보자!

비즈니스석

흥미로운 이야기

루프트한자는 유럽에서 가장 큰 항공사인 만큼 많은 자회사들을 가지고 있습니다. '스위스 항공', '오스트리아 항공', '브뤼셀 항공', '유로윙스' 등이 소속되어 있어요.

루프트한자 그룹 항공사

❶ 오스트리아 항공
❷ 브뤼셀 항공
❸ 유로윙스
❹ 루프트한자
❺ 스위스 국제항공

스위스
스위스 국제항공

스위스 국제항공의 허브 공항
● 취리히 국제공항

취리히 국제공항

스위스 국제항공을 타보자!

비즈니스석

1931년 설립되었던 '스위스 에어'가 2002년 파산하고, 같은 해에 스위스 국제항공이 새롭게 설립되었어요. 2007년에는 루프트한자와 한 가족이 되었지요. 부자 나라 이미지가 강한 스위스인 만큼 기내 서비스도 고급이라서 호평이 가득해요.

십자가 로고는 스위스의 국기와 동일합니다.

흥미로운 이야기

스위스는 영세중립국으로 유명해요. 유럽의 한 가운데 위치하여 전쟁이 날 때마다 큰 피해를 입었거든요. 평화를 지키기 위해 꼭 필요한 선택이었습니다.

유럽에서 스위스의 위치

네덜란드 🇳🇱
KLM 네덜란드 항공

> KLM은 "케이 엘 엠"이라고 한 글자씩 읽어주세요.

KLM의 허브 공항
● 암스테르담 스키폴 국제공항

암스테르담 스키폴 국제공항

KLM을 타보자!

이코노미석

1919년에 설립된 KLM 네덜란드 항공은 설립 당시와 동일한 이름으로 운항하는 항공사 중에서 가장 오래되었습니다. KLM은 네덜란드어로 "왕립 항공사"란 뜻인데요. 네덜란드 여왕에게 칭호를 받았기 때문입니다. 로고에 왕관이 보이죠?

네덜란드는 왕이 있어요, 정식 명칭은 네덜란드 왕국이랍니다.

흥미로운 이야기

KLM은 왕립 칭호를 받은 만큼 초기부터 고급스러운 항공사를 표방하였어요. 넓은 좌석과 쾌적한 서비스의 비즈니스석을 최초로 만든 항공사가 KLM이랍니다.

KLM의 비즈니스석

스페인 이베리아 항공 IBERIA

이베리아 항공은 1927년 설립되었어요. 같은 스페인어 문화권인 중남미 국가에 취항지가 많은 편입니다. 노란색과 빨간색은 스페인 국기에서 따왔으며, 로고의 모양은 과거에 쓰던 알파벳 "B" 모양의 로고를 세련되게 바꾼 것이에요.

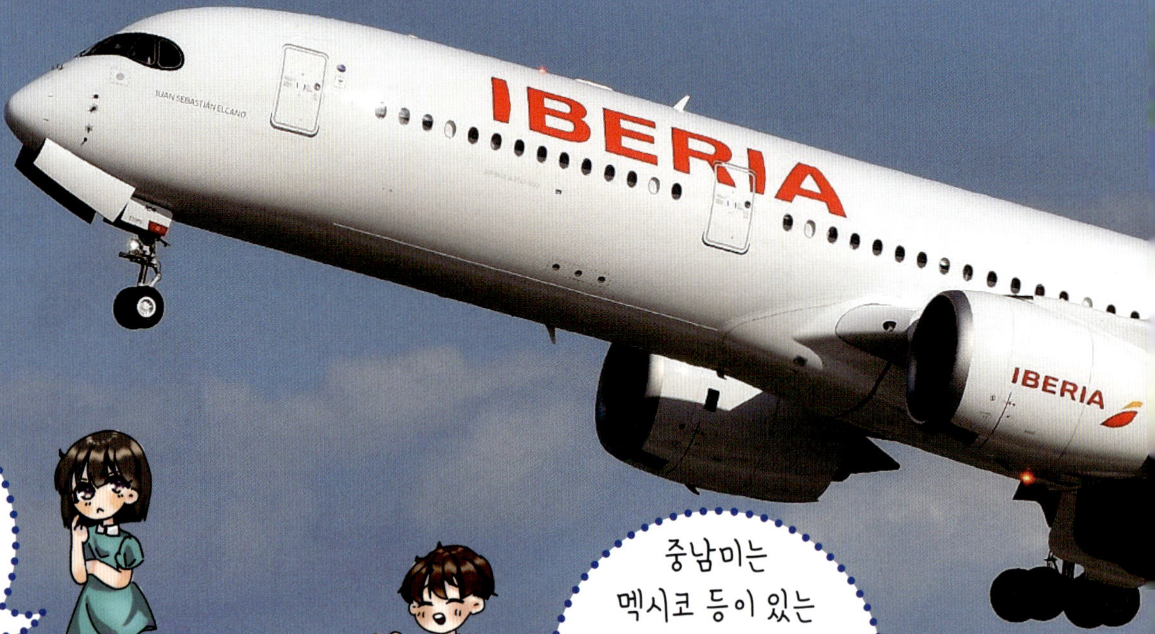

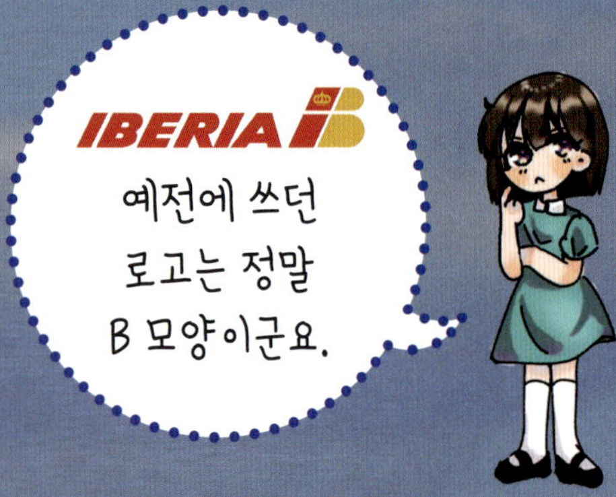

예전에 쓰던 로고는 정말 B 모양이군요.

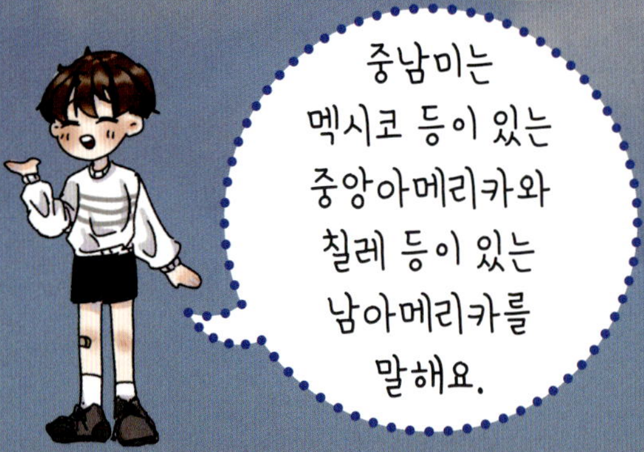

중남미는 멕시코 등이 있는 중앙아메리카와 칠레 등이 있는 남아메리카를 말해요.

이베리아 항공의 허브 공항
- 마드리드 바라하스 국제공항
- 바르셀로나 엘 프라트 국제공항

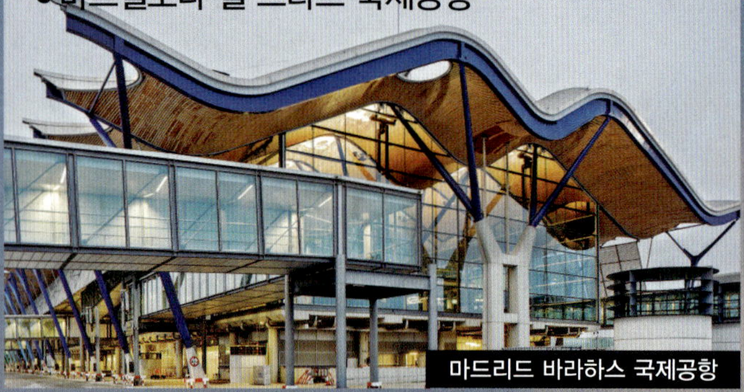

마드리드 바라하스 국제공항

이베리아 항공을 타보자!

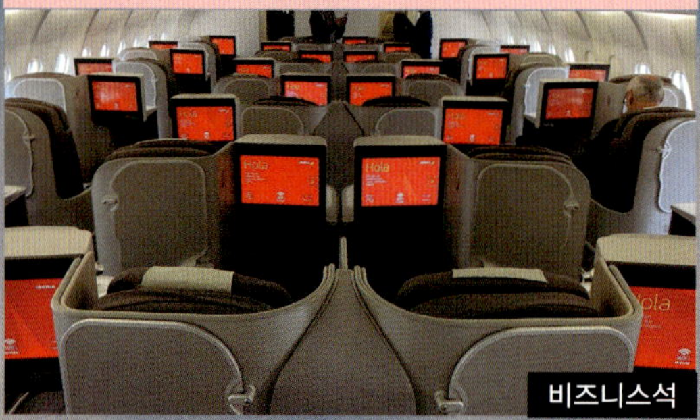

비즈니스석

흥미로운 이야기

에어 에우로파 비행기

1986년 설립된 '에어 에우로파'는 스페인의 제2의 항공사입니다.
에우로파는 그리스·로마 신화에 나오는 인물인데요.
유럽이라는 지명의 어원이 되었습니다.

포르투갈

TAP 포르투갈 항공

TAP(탭) 포르투갈 항공은 1945년에 설립되었어요. TAP은 포르투갈어로 "포르투갈 항공 교통"의 약자라고 해요. 이베리아 항공이 중남미 취항지가 많은 것처럼, 이 항공사는 같은 포르투갈어 문화권인 브라질에 취항지가 아주 많습니다.

TAP 포르투갈 항공의 허브 공항

● 리스본 국제공항

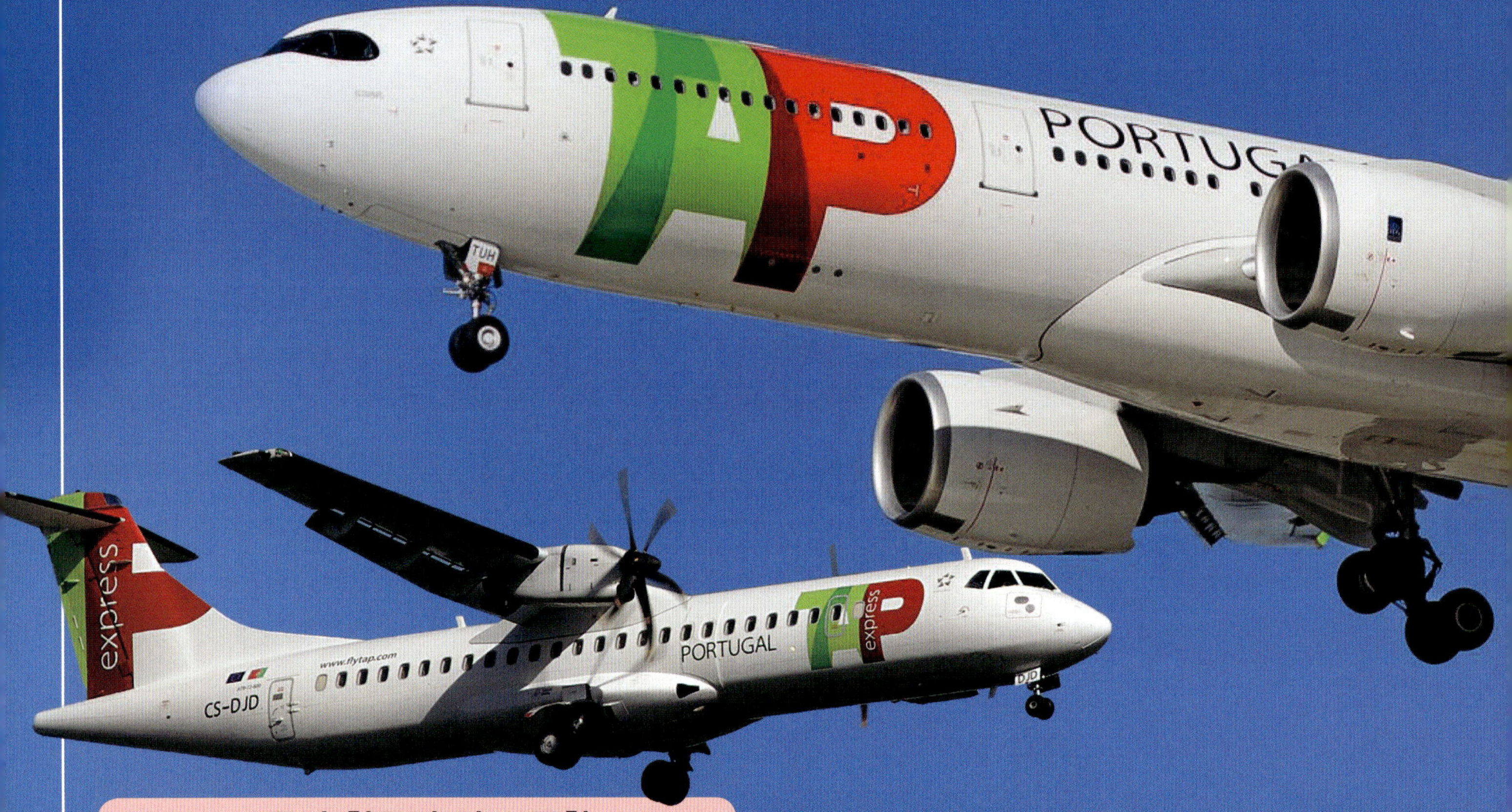

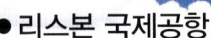

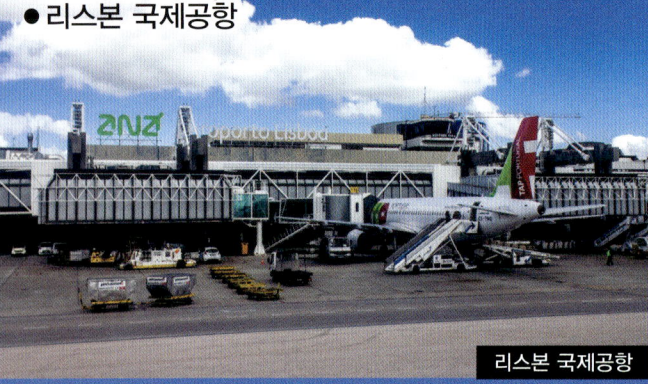

리스본 국제공항

TAP 포르투갈 항공을 타보자!

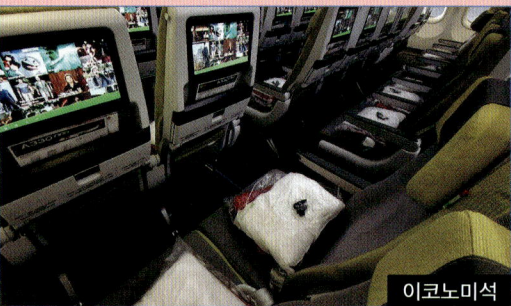

이코노미석

TAP AIR PORTUGAL

초록색과 빨간색은 포르투갈의 국기 색상이에요.

흥미로운 이야기

브라질을 테마로 특별 도장한 TAP 비행기

브라질은 아주 큰 나라인데, 포르투갈과 같은 언어를 사용해요. 그래서 TAP 포르투갈 항공은 브라질과 유럽을 촘촘히 이어주는 1등 항공사의 역할을 하고 있어요.

이탈리아 🇮🇹 ITA 항공

2021년에 설립된 ITA(이타) 항공은 국영 기업으로 최근에 생긴 항공사예요.
ITA는 "이탈리아 항공운수"라는 뜻입니다.
비행기 전체를 칠한 파란색은 과거 이탈리아 왕국 시절의 상징색이고요.
꼬리 날개의 3색은 이탈리아의 국기에서 가져왔어요.

ITA 항공의 허브 공항
- 로마 피우미치노 국제공항
- 밀라노 리나테 공항

로마 피우미치노 국제공항

ITA 항공을 타보자!

비즈니스석

전 세계에서 나이가 가장 어린 국영 항공사예요.

흥미로운 이야기

원래 이탈리아의 제1항공사는 1946년 설립된 '알리탈리아'였습니다. 하지만 계속되는 경영난으로 2021년 파산하였고, ITA 항공이 그 역할을 이어받았습니다.

알리탈리아 비행기

에게안 항공 AEGEAN

그리스

에게안 항공의 허브 공항
● 아테네 엘레프테리오스 베니젤로스 국제공항

아테네 국제공항

에게안 항공을 타보자!

이코노미석

에게안 항공은 1999년 설립되었어요. '에게안'이란 그리스의 바다인 "에게 해"를 가리키는 말인데요. 유럽 최초의 문명인 "에게 문명"이 발현한 역사 깊은 곳이에요. 회사명을 바다 이름으로 지은 만큼 로고도 바닷새 갈매기를 형상화하였어요.

에게 해는 지중해의 일부이며, 크고 작은 섬이 아주 많아요.

흥미로운 이야기

올림픽 에어 비행기

그리스는 올림픽이 시작된 나라에요. 2009년 설립된 '올림픽 에어'는 에게안 항공의 자회사로, 국내선 위주입니다. 꼬리 날개에 올림픽을 상징하는 오륜기가 보이네요.

북유럽 3국 스칸디나비아 항공 *SAS*

노르웨이 · 스웨덴 · 덴마크 북유럽 3국은 각자의 대표 항공사가 있었는데, 1951년 세 곳을 합병하여 스칸디나비아 항공이 탄생했어요. 그래서 비행기에도 세 나라의 국기가 모두 그려져 있답니다. SAS는 "스칸디나비아 항공 시스템"의 약자예요.

스칸디나비아 항공의 허브 공항
- 스톡홀름 알란다 국제공항
- 오슬로 가르데르모엔 국제공항
- 코펜하겐 카스트럽 국제공항

스톡홀름 알란다 국제공항

스칸디나비아 항공을 타보자!

비즈니스석

흥미로운 이야기

스칸디나비아 반도에는 스웨덴과 노르웨이가 위치해 있으며, 그 아래 있는 덴마크는 이 두 나라와 민족·문화적으로 뿌리가 같아요. 이 세 나라의 조상이 바로 바이킹이랍니다.

바이킹의 전통 배

스칸디나비아는 북유럽에 있는 커다란 반도의 이름이에요.

핀란드 🇫🇮 핀에어 FINNAIR

핀란드의 북부에는 산타클로스 마을이 있대요.

핀에어의 허브 공항
● 헬싱키 반타 국제공항

헬싱키 반타 국제공항

핀에어를 타보자!

이코노미석

1923년 설립된 핀에어는 1963년 이후 무사고로 세계에서 가장 안전한 항공사로 유명합니다. 핀란드는 북유럽 3국과 가깝지만 문화적으로 다른 나라예요. 하얀색과 파란색의 조합은 핀란드의 국기 색상이며, 꼬리 날개에는 'F'가 그려져 있어요.

흥미로운 이야기

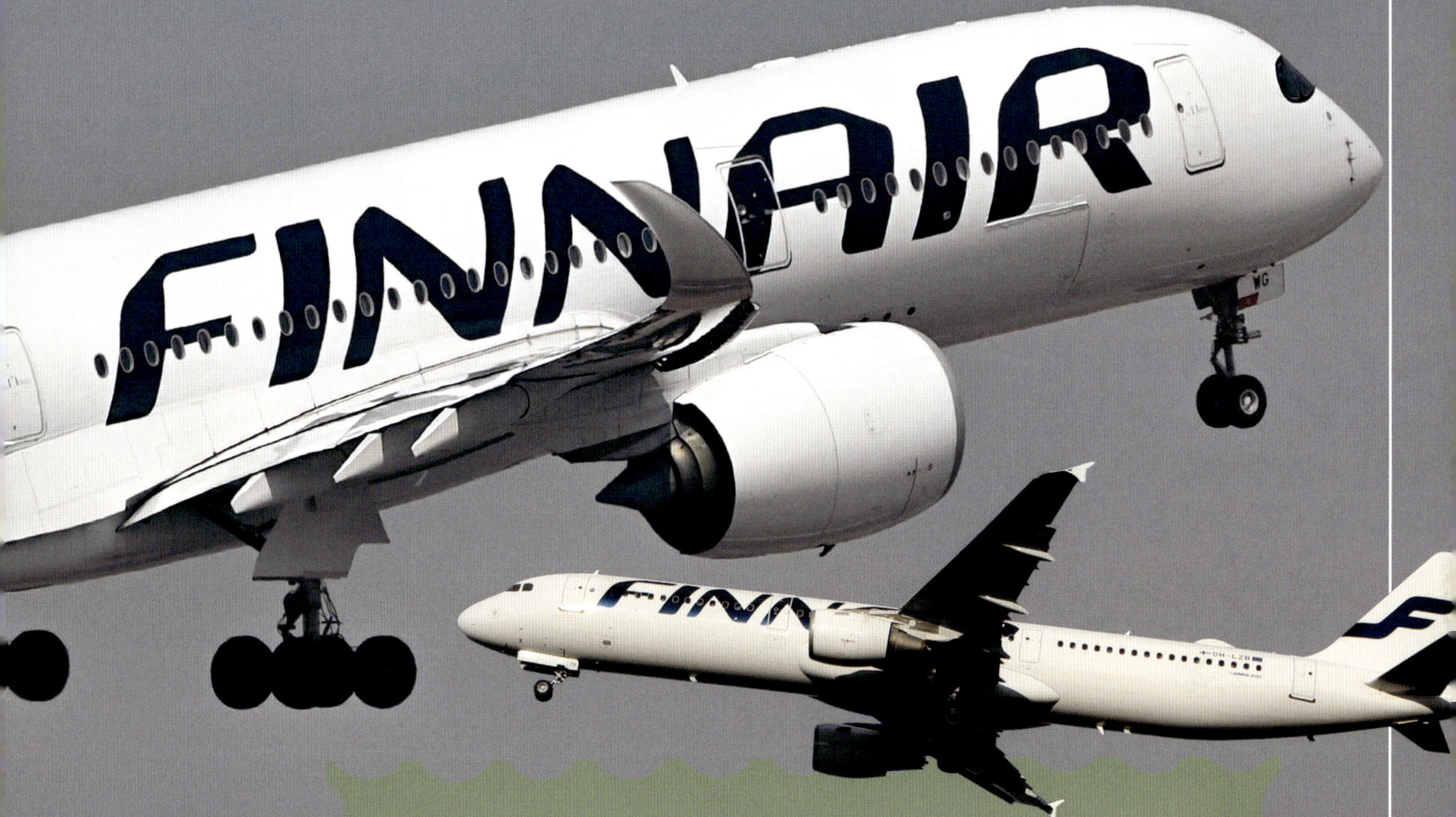

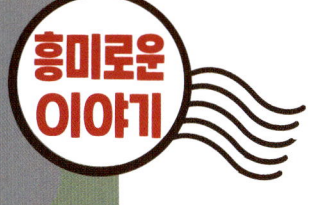

북유럽은 멀게 느껴지지만 의외로 서유럽보다 가깝습니다. 지구는 둥글어서 북쪽으로 돌아갈 수 있거든요. 유럽에 갈 때 핀란드 수도 헬싱키에서 환승을 많이 해요.

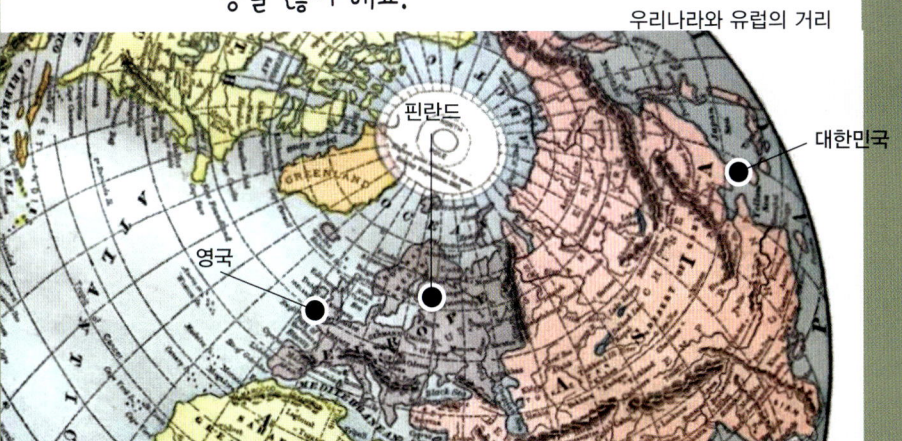

우리나라와 유럽의 거리

러시아
아에로플로트

아에로플로트는 1923년 설립되었는데, 소련 시절에는 공산주의 국가 사람들만 탈 수 있는 항공사였어요. 작게 그려진 날개 달린 낫과 망치가 소련 시절의 흔적을 보여줍니다. 꼬리 날개에는 바람에 흩날리는 러시아 국기가 그려져 있네요.

낫과 망치는 소련의 국기에 그려져 있었습니다.

아에로플로트의 허브 공항

● 모스크바 셰레메티예보 국제공항

모스크바 셰레메티예보 국제공항

아에로플로트를 타보자!

비즈니스석

흥미로운 이야기

오로라 항공 비행기

2013년 설립된 '오로라 항공'은 아에로플로트의 자회사인데요. 우리나라와 가까운 러시아의 극동 지방(사할린, 블라디보스토크, 하바롭스크)을 중심으로 운행합니다.

폴란드 🇵🇱 LOT 폴란드 항공

POLISH AIRLINES

LOT(로트) 폴란드 항공은 1929년 설립되었어요. LOT는 폴란드어로 "폴란드 항공"의 줄임말이래요. 현재 일반 항공사가 없는 헝가리를 대신하여, 특이하게도 폴란드와 헝가리 두 나라에 허브 공항을 가지고 있어요. 원 안의 새는 두루미(학)입니다.

LOT 폴란드 항공의 허브 공항
- 바르샤바 쇼팽 국제공항
- 부다페스트 리스트 페렌츠 국제공항

바르샤바 쇼팽 국제공항

LOT 폴란드 항공을 타보자!

이코노미석

헝가리는 예전에 일반 항공사가 있었지만 지금은 없대요.

폴란드와 헝가리는 같은 동유럽 국가이며 서로 사이가 좋아요.

흥미로운 이야기

헝가리에 항공사가 하나도 없는 건 아니에요. 2003년 설립된 위즈에어는 헝가리의 저비용 항공사인데요. 동유럽 지역을 그물처럼 촘촘하게 연결해 주고 있습니다.

위즈에어 비행기

우크라이나 🇺🇦
우크라이나 국제항공

우크라이나 국제항공은 1992년 설립되었어요. 밝은 파란색과 노란색의 조합은 우크라이나의 국기 색상입니다. 러시아와 분쟁이 일어나자 2015년부터는 러시아로 취항하지 않고 있어요. 2022년에는 전쟁이 일어나 휴업하게 되었습니다.

> 나라들간의 분쟁과 전쟁이 모두 사라지면 좋겠어요.

우크라이나 국제항공의 허브 공항

● 키이우 보리스필 국제공항

키이우 보리스필 국제공항

우크라이나 국제항공을 타보자!

이코노미석

F-14 전투기

승객을 태우는 비행기는 '여객기'입니다. 화물을 싣는 비행기는 '화물기'이지요. 군대에서 쓰는 비행기는 '군용기'이며, 그중 적과 직접 싸우는 비행기를 '전투기'라고 합니다.

아프리카

아프리카는 훼손되지 않은 자연환경이 가득합니다.
또한 인류의 조상이 처음 나타난 대륙이기도 합니다.

● 알제리

● 모리타니

● 기니

어떤 나라들이?

북아프리카에는 이집트, 리비아, 모로코 등이 있어요. 동아프리카에는 에티오피아, 케냐, 탄자니아 등이 있고, 서아프리카는 나이지리아, 가나, 코트디부아르 등이 있어요. 남아프리카에는 남아프리카 공화국, 보츠와나, 모잠비크 등이 있습니다.

어떤 자연환경이?

사하라 사막

세계에서 가장 큰 사막으로, 무려 11개 나라에 걸쳐 있습니다.
사하라 사막은 얼마나 클까요? 무려 미국 전체 면적보다도 큰 크기라고 합니다.

킬리만자로 산
탄자니아에 있으며, 높이 5,895m로 아프리카에서 가장 높은 산입니다. 산의 꼭대기는 기온이 낮아서 365일 녹지 않는 만년설로 뒤덮여 있습니다.

희망봉
아프리카의 최남단으로 알려진 곳이에요. 항해술이 지금보다 발달하지 못한 몇백 년 전의 뱃사람들에게, 희망봉은 중요한 이정표가 되어 주었습니다.

빅토리아 폭포
세계 3대 폭포 중 하나이며 짐바브웨에 있습니다. 원주민들이 부르던 이름은 '모시오아툰야'인데요. '천둥소리가 나는 연기'라는 뜻이에요.

사바나 초원
사바나는 건기와 우기가 뚜렷한 열대기후를 말해요. 아프리카의 사바나 초원에는 사자, 얼룩말, 기린, 코끼리 등 다양한 야생 동물들이 살고 있어요.

아프리카의 유명한 도시들

우리는 국제선 비행기를 탔습니다.
이 비행기는 어디로 향할까요?
국제공항이 있는 아프리카의 도시들 중 유명한 곳들을 알아봅시다.

북아프리카

카이로

이집트의 수도 카이로는 북아프리카에서 가장 크며, 가장 역사가 오래된 도시입니다. 피라미드와 스핑크스를 보고 싶다면 카이로를 방문하세요.

카사블랑카

모로코의 항구 도시 카사블랑카는 라틴어로 '하얀 집'이란 뜻이에요. 동명의 영화로도 유명하며, 고풍스런 풍경으로 유럽에서 많은 관광객들이 찾아와요.

트리폴리

트리폴리는 리비아의 수도예요. 역사적으로 많은 나라들이 거쳐간 곳이라 로마, 이슬람, 오스만 제국 등 시대별로 다양한 문화 유적들이 남아있어요.

동아프리카

아디스아바바

에티오피아의 수도 아디스아바바는 2,355m 높이에 위치해 있어서 일 년 내내 따뜻하고 선선한 날씨입니다. '아프리카 연합' 본부가 이곳에 있습니다.

나이로비

케냐의 수도 나이로비는 마사이어로 '시원한 물'이라는 뜻이래요. 도시 밖으로 나가면 기린, 얼룩말 등을 보는 사파리 투어를 할 수 있어요. 제조업도 발달했어요.

다르에스살람

인구 수 600만 명으로 탄자니아의 최대 도시이며, 동아프리카에서도 가장 큰 도시입니다. 다르에스살람은 아랍어로 '평화의 집'이라는 뜻이래요.

서아프리카

라고스

나이지리아의 최대 도시 라고스는 서아프리카에서 가장 큰 도시로, 인구가 무려 2,600만 명이에요. 국내뿐 아니라 주변 국가에서도 일자리를 찾아 몰려듭니다.

아비장

아비장은 코트디부아르의 최대 도시이며, 라고스와 함께 서아프리카의 중심 도시 중 하나입니다. 한때는 '서아프리카의 파리'라고 불리기도 했대요.

남아프리카

요하네스버그

남아프리카 공화국의 최대 도시이자, 남아프리카에서도 가장 큰 도시예요. 관광, 물류, 금융 등 다양한 산업이 발전했지만, 치안이 안 좋아서 외출 시 조심해야 해요.

에티오피아 항공

에티오피아 항공은 1945년에 설립되었으며 오랜 역사만큼 규모가 큽니다. 우리나라에 처음 취항한 아프리카 항공사이기도 하죠. 로고의 3색은 국기에서 따왔으며 신기하게 생긴 글자는 에티오피아의 공용어인 '암하라어'의 고유 문자입니다.

에티오피아 항공의 허브 공항
● 아디스아바바 볼레 국제공항

아디스아바바 볼레 국제공항

에티오피아 항공을 타보자!

비즈니스석

에티오피아는 한국 전쟁 당시 유엔군으로 참전했던 고마운 나라예요.

흥미로운 이야기

2013년 6월 아프리카 항공사 최초로 대한민국에 취항했습니다. 홍콩을 거쳐 아디스아바바로 가는 노선이었어요. 두 나라의 외교 수립 50주년 기념으로 이뤄졌습니다.

인천공항에서 이륙하는 에티오피아 항공 비행기

케냐 항공 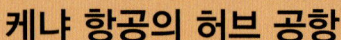 Kenya Airways
The Pride of Africa

케냐

1977년 설립된 케냐 항공은 에티오피아 항공과 함께 동아프리카의 주요 항공사예요. 알파벳 "K"는 케냐를 가리키며, 국기의 3색인 초록, 빨강, 검정으로 치장하였어요. "The Pride of Africa"라는 표어는 "아프리카의 자부심"이라는 뜻이에요.

케냐 항공의 허브 공항

●나이로비 조모 케냐타 국제공항

나이로비 조모 케냐타 국제공항

케냐 항공을 타보자!

이코노미석

 **흥미로운 이야기**

케냐는 사바나 기후를 대표하는 세렝게티 초원으로 유명해요. 이곳에서 기린, 얼룩말, 코끼리, 사자 등을 보는 사파리 투어를 할 수 있죠. 케냐 항공을 타고 놀러 오세요.

세렝게티 초원의 얼룩말

아프리카를 여행하기 전에 황열병 예방접종은 필수예요.

르완다
르완다 에어 RwandAir

로고 속의 빛나는 태양은 르완다 국기에서도 찾아볼 수 있어요.

르완다 에어의 허브 공항
● 키갈리 국제공항

키갈리 국제공항

르완다 에어를 타보자!

비즈니스석

르완다 에어는 2002년 설립되었어요. 르완다는 우리나라의 경상도 크기만 한 작은 동아프리카 국가예요. 그런데 아프리카 대륙의 정중앙에 위치하므로 환승에 유리해요. 그래서 아프리카에서 빠르게 성장하고 있는 항공사 중 하나랍니다.

 **흥미로운 이야기**

콩고민주공화국, 중앙아프리카공화국 등을 함께 묶어 "중앙아프리카"라고 부릅니다. 르완다는 동아프리카 국가이지만 위치 특성상 중앙아프리카로 분류되기도 해요.

아프리카에서 르완다의 위치

이집트 이집트 항공

1932년 설립된 이집트 항공은 아프리카에서 가장 오래된 항공사입니다. 중동·아프리카 지역 항공사 최초로 제트기를 운항했어요. 로고는 이집트 신화 속 하늘의 신인 '호루스'인데요. 호루스는 왕관을 쓴 매의 머리와 사람의 몸을 하고 있어요.

"호루스는 파라오를 상징하며 동시에 이집트와 파라오의 수호신이기도 합니다."

"내가 바로 호루스!"

이집트 항공의 허브 공항
- 카이로 국제공항
- 알렉산드리아 보그 엘 아랍 국제공항

카이로 국제공항

이집트 항공을 타보자!

이코노미석

흥미로운 이야기

이집트 하면 떠오르는 것은 거대한 스핑크스 석상과 피라미드입니다. 피라미드는 고대 이집트 왕들의 무덤이며 수십 개가 있어요. 이집트 항공을 타고 방문해 보세요.

스핑크스와 피라미드

모로코 로열 에어 모로코

로열 에어 모로코는 1953년 모로코가 프랑스로부터 독립하면서 설립되었는데요. 네덜란드의 KLM처럼 왕의 칭호를 받아 '왕립' 이름을 달고 있어요. 로고에도 날개 달린 별 위에 '왕관'이 씌워져 있습니다. 줄여서 RAM이라고 부르기도 해요.

초승달과 별 모양은 터키를 비롯한 일부 이슬람 국가에서 상징으로 쓰고 있어요.

로열 에어 모로코의 허브 공항
● 무함마드 5세 국제공항 (카사블랑카)

무함마드 5세 국제공항 (카사블랑카)

로열 에어 모로코를 타보자!

비즈니스석

모로코의 현재 국왕은 무함마드 6세입니다. 모로코는 국제공항에 무함마드 5세의 이름을 붙였는데요. 그는 무함마드 6세의 아버지가 아니라 할아버지라네요.

모로코의 왕궁

알제리
에어 알제리 الجوية الجزائرية AIR ALGÉRIE

에어 알제리는 국영 항공사로 1947년 설립되었습니다. 프랑스와 교류가 많아서 프랑스로 특히 많이 취항해요. 이 회사의 로고는 50년 넘게 변하지 않은 것으로 유명한데요. 타원 안의 새는 알제리의 상징 중 하나인 제비입니다. 빠르고 날렵하죠.

모로코, 알제리도 이슬람 국가라서 모든 기내식은 할랄 푸드입니다.

에어 알제리의 허브 공항
● 우아리 부메디엔 국제공항 (알제)

우아리 부메디엔 공항

에어 알제리를 타보자!

이코노미석

리비아 항공 비행기

이집트와 알제리 사이의 있는 나라 리비아에는 1964년 설립된 '리비아 항공'이 있는데요. 2010~2011년 이 나라에 내전이 일어나자 운항을 중단했던 적이 있습니다.

세네갈
에어 세네갈 AIR SENEGAL

서아프리카에 위치한 세네갈에는 2016년 설립된 에어 세네갈이 운영되고 있어요. 주로 가까운 나라로 비행하지만 유럽과 미국에도 취항지가 있습니다. 비행기에 적힌 "ESPRIT TERANGA"은 현지어로 "환대하는 마음"이라는 뜻이래요.

환대란 반갑게 맞아 정성껏 후하게 대접한다는 뜻입니다.

로고는 국기 디자인인데요. 초록색 별은 미래의 통합과 희망을 상징한데요.

에어 세네갈의 허브 공항
● 블레즈-디아뉴 국제공항 (다카르)

블레즈-디아뉴 국제공항

에어 세네갈을 타보자!

비즈니스석

흥미로운 이야기

나이지리아도 서아프리카에 속하는데, 아프리카에서 인구가 가장 많은 나라예요. 1958년 설립된 '나이지리아 항공(Nigeria Airways)'은 경영 악화로 인해 2003년 문을 닫았습니다.

과거 나이지리아 항공 비행기

코트디부아르
에어 코트디부아르

1960년 설립된 코트디부아르의 항공사 '에어 아이부아르'가 2011년 폐업한 뒤, 2012년에 에어 코트디부아르가 새롭게 설립되었어요. 서아프리카에서 중앙아프리카를 거쳐 남아프리카 큰 도시들을 촘촘히 연결하는 데에 집중하고 있습니다.

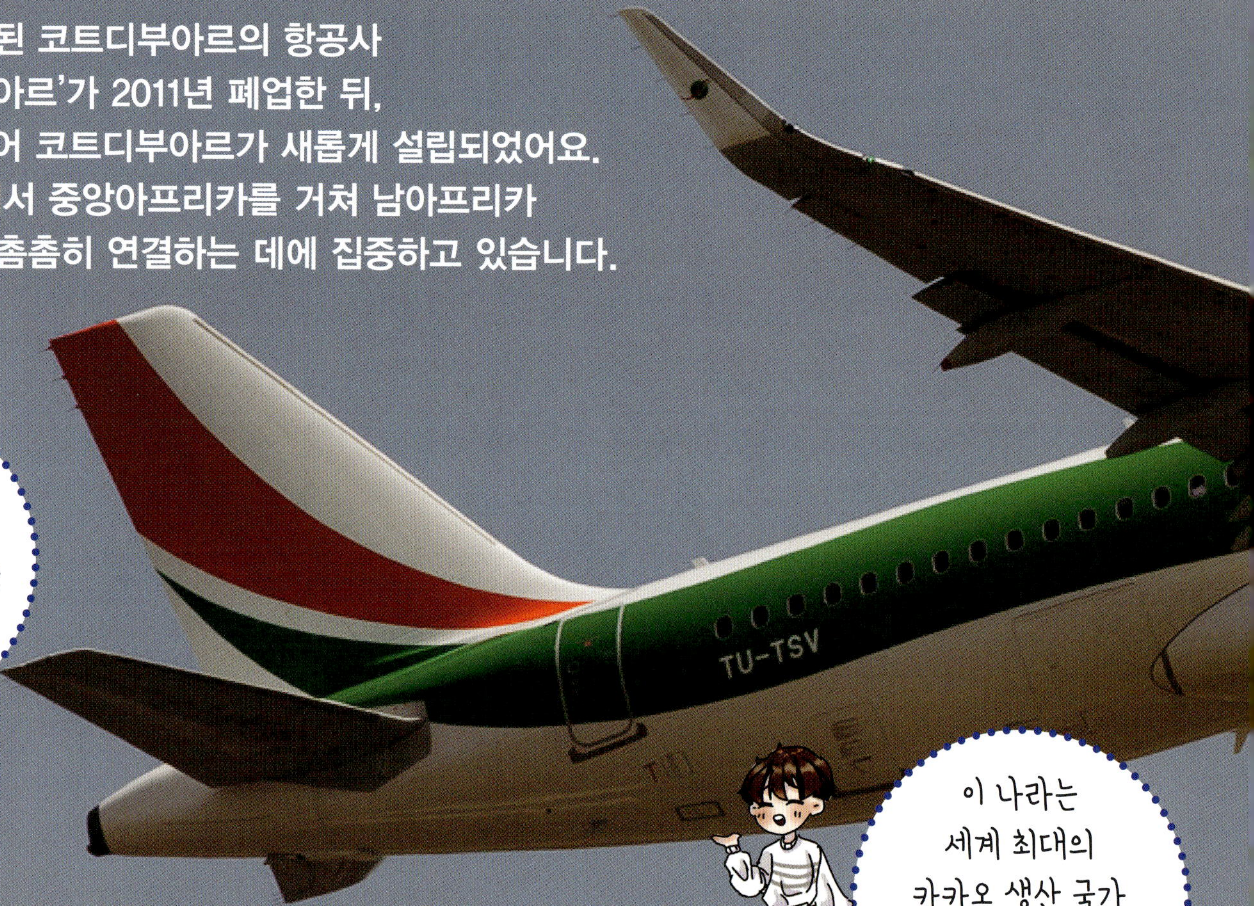

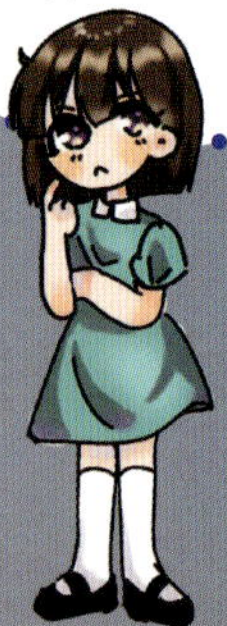

> 코트디부아르라는 국명은 프랑스어로 "상아 해안"이라는 뜻이래요.

> 이 나라는 세계 최대의 카카오 생산 국가이기도 합니다. 초콜릿을 만들죠.

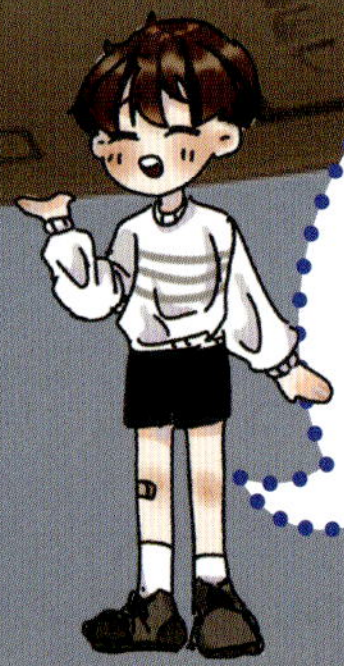

에어 코트디부아르의 허브 공항
● 포트 부에 공항 (아비장)

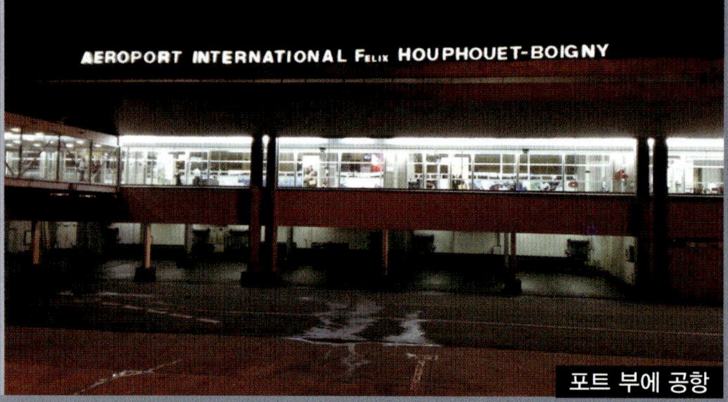

포트 부에 공항

에어 코트디부아르를 타보자!

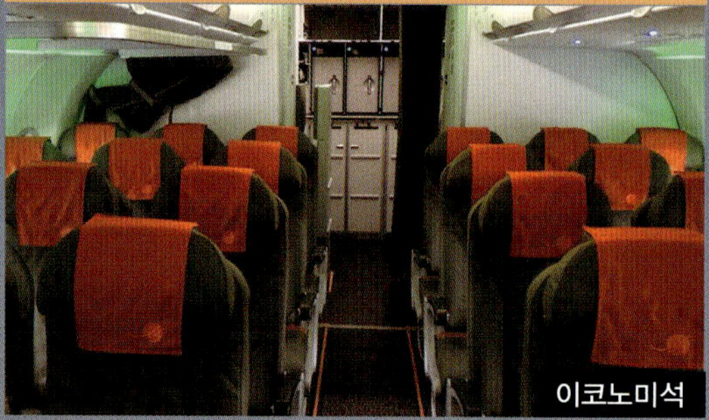

이코노미석

흥미로운 이야기

나이지리아 항공의 부도 이후, 2004년에는 '에어 나이지리아(Air Nigeria)'가 새롭게 출발했지만 2012년 또 문을 닫고 말았어요. 회사 경영이란 정말 어려운 것이군요.

과거 에어 나이지리아 비행기

남아프리카 공화국
남아프리카 항공

남아프리카 항공은 이집트 항공에 이어 1934년 아프리카에서 두 번째로 설립되었어요. 80년대에는 남아공의 인종차별 정책에 항의하고자 몇몇 나라가 운항 금지 조치를 내리기도 했대요. 로고 디자인은 국기를 모티브로 제작되었습니다.

남아공은 1990년대에 인종차별 정책을 공식적으로 폐지하였어요.

남아프리카 항공의 허브 공항
● O.R. 탐보 국제공항 (요하네스버그)

O.R.탐보 국제공항 (요하네스버그)

남아프리카 항공을 타보자!

비즈니스석

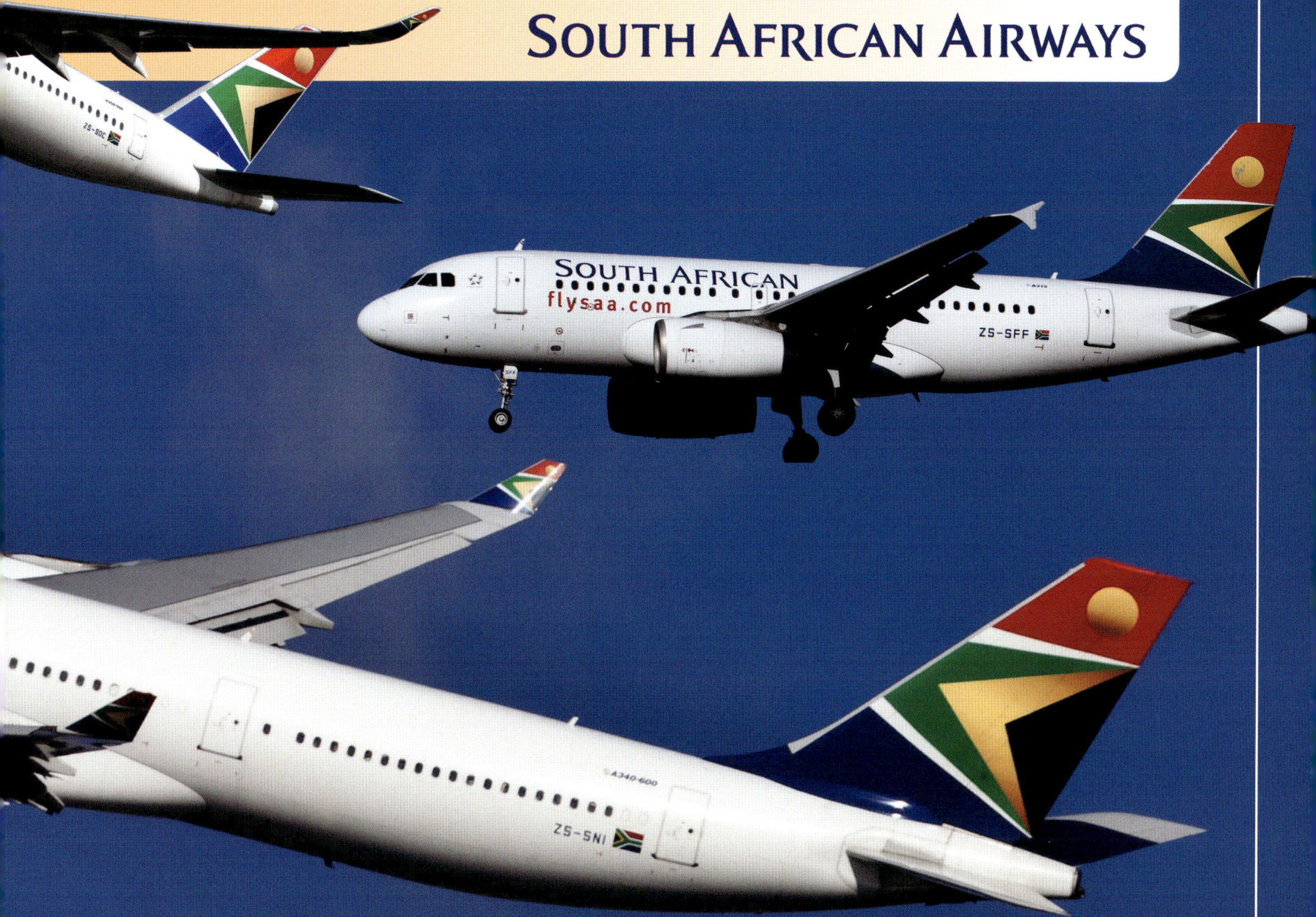

SOUTH AFRICAN AIRWAYS

요하네스버그 외곽에 있는 O.R. 탐보 국제공항은 연 이용객이 약 2천만 명가량으로 아프리카에서 가장 큰 국제공항입니다. 인종 차별 철폐를 위해 싸운 전 대통령의 이름을 붙였어요.

공항 간판과 O.R.탐보 전 대통령

남·북 아메리카

남아메리카와 북아메리카는 같은 이름을 가졌지만 별개의 대륙입니다. 지형 특성상 북아메리카의 아랫 부분만 따로 떼어내 중앙아메리카라고 부르기도 합니다.

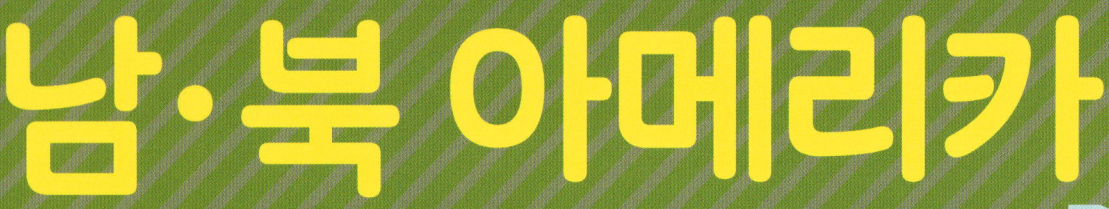

어떤 나라들이?

북아메리카에는 미국, 캐나다, 그린란드가 있어요. 중앙아메리카에는 멕시코, 쿠바, 파나마 등이 있고, 남아메리카에는 브라질, 칠레, 아르헨티나, 콜롬비아 등이 있습니다.

어떤 자연환경이?

그랜드 캐니언
미국 애리조나 주 북서부에 있는 고원지대에요. 강물에 의해 침식된 협곡이지요. 협곡이란 험하고 좁은 골짜기를 말합니다. 세계적으로 유명한 관광지에요.

오대호
미국과 캐나다 사이에 있는 다섯 개의 초대형 호수를 말합니다. 다섯 개 호수를 모두 합치면 우리나라 한반도보다 살짝 큰 면적이라고 하네요.

유우니 소금 사막
볼리비아에 위치한 세계 최대의 소금 사막으로, 전라남도만 한 면적이래요. 우기에 비가 오면, 빗물이 거울처럼 하늘을 비춰 환상적인 풍경을 만들어 냅니다.

카리브 해
남·북아메리카 사이에 있는 있는 바다에요. 영화 "캐리비안의 해적"의 배경이 되는 곳입니다. 카리브 제도에는 크고 작은 섬이 있으며, 다양한 섬나라들이 있어요.

아마존 밀림
남아메리카에 위치한 거대한 열대우림 지역이에요. 지구 최대의 밀림이지요. 밀림은 큰 나무들이 빽빽하게 들어선 큰 숲을 말하는데 정글이라고도 합니다.

- 콜롬비아
- 페루
- 브라질
- 볼리비아
- 우루과이
- 아르헨티나
- 칠레

아메리카의 유명한 도시들

우리는 국제선 비행기를 탔습니다.
이 비행기는 어디로 향할까요?
국제공항이 있는 아메리카의 도시들 중 유명한 곳들을 알아봅시다.

북아메리카

로스앤젤레스

미국 서부 캘리포니아 주에 있으며, 미국에서 두 번째로 큰 도시입니다. 영화 산업의 중심인 할리우드와 화려한 부촌 베벌리힐스가 유명합니다.

토론토

캐나다에서 가장 큰 도시에요. 토론토는 원주민 어로 '물 속의 숲'이라는 뜻이래요. 금융업과 자동차 산업 등이 발달했다고 합니다. 겨울에는 많이 추워요.

뉴욕

미국에서 가장 큰 도시이며, 세계에서 가장 유명한 국제도시입니다. 유엔 본부, 월스트리트, 브로드웨이가 유명해요. 특히 자유의 여신상은 뉴욕의 상징입니다.

중앙아메리카 (북아메리카의 일부)

멕시코시티

멕시코의 수도예요. 해발 2,200m의 고지대에 위치해 있습니다. 이곳은 아즈텍 제국 시절부터 수도였어요. 오랜 역사만큼 다양한 문화유적들이 가득합니다.

파나마시티

멕시코처럼 나라 이름과 수도 이름이 같아요. 파나마시티는 파나마 운하 근처에 자리 잡은 항구도시입니다. 파나마 운하를 통해 배들이 아메리카 대륙을 통과해요.

아바나

카리브 해에 있는 섬나라 쿠바의 수도입니다. 쿠바는 공산주의 국가여서 옆 나라들과 교류가 적었대요. 그래서 과거의 클래식한 분위기가 아직도 많이 남아 있어요.

남아메리카

상파울루

브라질에서 가장 큰 도시이며, 남아메리카에서도 가장 큰 도시입니다. 여름에 아주 덥지 않고 겨울에도 춥지 않아 살기 좋아요. 다만 치안이 안 좋은 것은 단점입니다.

보고타

콜롬비아의 수도이며, 해발 2,640m의 높은 곳에 위치해 있어요. 안데스 산맥과 가까이 있지요. 볼리바르 광장과 황금 박물관 등에 방문해 보세요.

부에노스아이레스

아르헨티나의 수도예요. 아르헨티나의 전통 음악이자 춤인 탱고로 유명합니다. 이 도시의 이름은 스페인어로 "순한 바람"이라는 뜻이래요.

미국
아메리칸 항공 American Airlines

1930년 설립된 아메리칸 항공은 미국은 물론 세계에서 가장 큰 항공사입니다. 꼬리 날개에는 미국의 국기가 그려져 있어요. 미국은 땅이 넓은 나라이므로 운영하는 허브 공항이 무려 10곳이래요. 본사는 텍사스 주 댈러스에 있습니다.

로고는 미국을 상징하는 새인 흰머리수리예요.

항공사마다 세 자릿수의 식별 번호가 있는데 아메리칸 항공이 001번이에요.

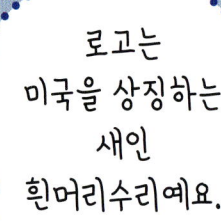

아메리칸 항공의 허브 공항
● 댈러스-포트워스 국제공항(외 9곳)

댈러스 포트워스 국제공항

아메리칸 항공을 타보자!

비즈니스석

흥미로운 이야기

아메리칸 항공의 예전 도색

아메리칸 항공이 1967년부터 2013년까지 오랜 시간 사용했던 비행기 도색입니다. 어르신들은 이 도색이 익숙하실 거예요. 두 개의 A 사이에 흰머리수리가 보이네요.

미국 🇺🇸
유나이티드 항공

유나이티드 항공은 1926년 설립되었으며, 미국의 3대 일반 항공사 중 한 곳이에요. 본사는 일리노이 주 시카고에 있으며, 운영하는 허브 공항은 8곳입니다. 파란색 바탕 안에 각각 흰색(로고)과 하늘색(꼬리 날개)의 지구본이 들어 있어요.

유나이티드 항공의 허브 공항
● 시카고 오헤어 국제공항(외 7곳)

시카고 오헤어 국제공항

유나이티드 항공을 타보자!

이코노미석

UNITED

한때는 유나이티드 항공이 미국 1위였던 시절도 있었대요.

흥미로운 이야기

미국의 3대 일반 항공사는 아메리칸 항공, 유나이티드 항공에 이어 1928년 설립된 델타 항공입니다. 본사와 가장 큰 허브 공항은 조지아 주의 애틀랜타에 위치해요.

델타 항공 비행기

미국 🇺🇸
사우스웨스트 항공

1967년 설립된 사우스웨스트 항공은 미국에서 가장 큰 저비용 항공사예요. 저비용 항공사인 만큼 미국 국내선과 북아메리카 일부 나라들만 취항하고 있어요. 노랑·빨강·파랑의 조합은 회사의 초기 때부터 이어진 고유의 색이랍니다.

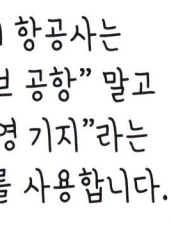

이 항공사는 "허브 공항" 말고 "운영 기지"라는 용어를 사용합니다.

사우스웨스트 항공의 운영 기지

● 댈러스 러브필드 공항(외 10곳)

댈러스 러브필드 공항

사우스웨스트 항공을 타보자!

이코노미석

Southwest

사우스웨스트 항공은 경영을 잘 해서 수십 년 동안 흑자를 낸 것으로 유명해요.

흥미로운 이야기

제트블루 항공 비행기

제트블루 항공은 1999년 설립되었으며, 미국에서 2번째로 큰 저비용 항공사입니다. 사우스웨스트 항공의 퇴직자들이 창업했다는 특징이 있으며, 남아메리카에도 취항해요.

캐나다
에어 캐나다 AIR CANADA

에어 캐나다는 1936년 설립된 캐나다 제1의 항공사예요. 캐나다도 땅이 넓은 나라인 만큼 4곳의 허브 공항을 가지고 있어요. 원래는 국영 기업이었지만 민영화되었대요. 로고 모양은 캐나다 국기에서 가져온 빨간색 단풍잎(메이플 리프)입니다.

에어 캐나다의 허브 공항
- 몬트리올 트뤼도 국제공항(외 3곳)

몬트리올 트뤼도 국제공항

에어 캐나다를 타보자!

비즈니스석

에어 캐나다 익스프레스(express)는 소형 비행기로 작은 도시들만 갑니다.

흥미로운 이야기

웨스트제트 비행기

1996년 설립된 웨스트제트는 캐나다의 대표 저비용 항공사입니다. 웨스트제트가 열심히 활약한 덕분에 미국의 저비용 항공사들은 캐나다에 취항하지 않는다고 하네요.

멕시코
아에로멕시코 AEROMEXICO

아에로멕시코는 1934년 설립되었습니다. 멕시코는 아메리카의 가운데 있으므로 이곳에서 환승하여 남·북아메리카의 각 나라들로 갈 수 있어요.
로고 그림은 "독수리 전사"인데요. 독수리는 멕시코의 국기에도 들어가는 상징적인 새입니다.

아에로멕시코의 허브 공항

● 멕시코시티 국제공항

멕시코시티 국제공항

아에로멕시코를 타보자!

이코노미석

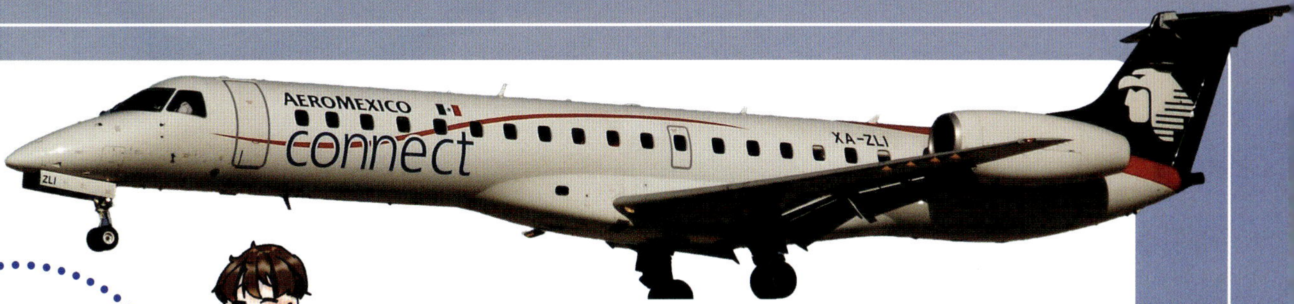

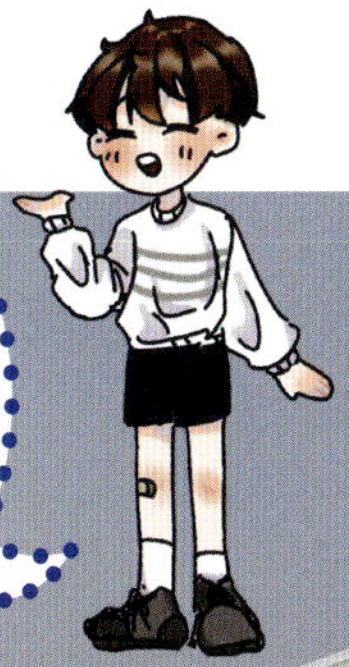

아에로멕시코 커넥트(connect)는 소형 비행기로 국내선을 주로 다닙니다.

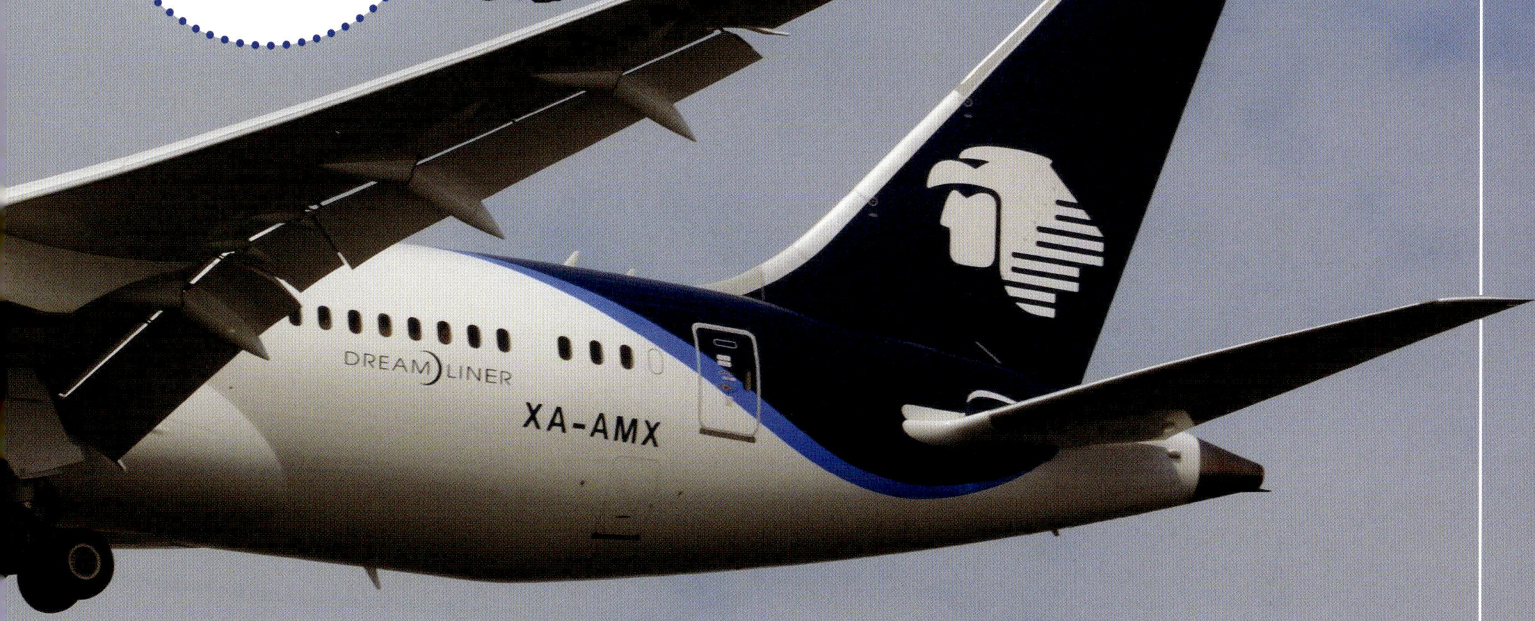

흥미로운 이야기

스페인이 오기 전 멕시코 땅에는 아즈텍 제국이 있었어요. 아즈텍의 군대에는 '독수리 전사'라는 특수 계급이 있었는데요. 용기와 리더십, 용맹을 상징하는 존재였습니다.

아즈텍 제국의 독수리 전사

파나마
코파 항공   CopaAirlines

1944년 설립된 코파 항공은 중앙아메리카에서 제법 큰 항공사예요. 코파(COPA)는 스페인어로 '파나마 항공 회사'의 약자래요. 유나이티드 항공과 비슷하게 파란색 배경에 동그란 지구본을 로고로 쓰고 있는데, 여기에는 숨겨진 이야기가 있답니다.

> 파나마도 남·북아메리카 각 나라로 환승하기 좋은 위치예요.

코파 항공의 허브 공항
• 파나마시티 토쿠멘 국제공항

파나마시티 토쿠멘 국제공항

코파 항공을 타보자!

비즈니스석

흥미로운 이야기

과거의 콘티넨탈 항공 비행기

미국에는 '콘티넨탈 항공'이라는 회사가 있었는데 코파 항공을 인수하면서 로고를 비슷하게 바꿨대요. 이후 콘티넨탈 항공이 유나이티드 항공과 합병하며 이름은 사라졌지만, 특유의 로고 모양은 남게 되었습니다.

콜롬비아
아비앙카 항공 Avianca

1919년 설립된 아비앙카 항공은 설립 당시와 같은 이름으로 운영하는 항공사 중 세계에서 두 번째로 오래된 회사입니다. 네덜란드의 KLM보다 두 달 늦게 설립되었대요. 아비앙카는 스페인어로 '아메리카 대륙 항공'의 약자라고 하네요.

아비앙카 항공의 허브 공항

● 보고타 엘도라도 국제공항

보고타 엘도라도 국제공항

아비앙카 항공을 타보자!

이코노미석

흥미로운 이야기

코로나19로 많은 항공사들이 어려움을 겪었어요. 아비앙카 항공은 코로나로 인해 2020년 파산하였는데, 열심히 노력하여 1년 반 후에는 정상화되었다고 합니다.

코로나19 때문에 승객이 없는 공항

로고 속의 새는 남아메리카 서부에 사는 '안데스 콘도르'입니다.

칠레·브라질 라탐 항공

1929년 설립된 칠레의 '란 항공'과 1961년 설립된 브라질의 '탐 항공'이 2012년에 합병하여 '라탐 항공 그룹'으로 출발하였습니다. 란 항공은 '라탐 칠레 항공'이 되었고, 탐 항공은 '라탐 브라질 항공'이 되었어요. 그룹의 본사는 칠레에 있습니다.

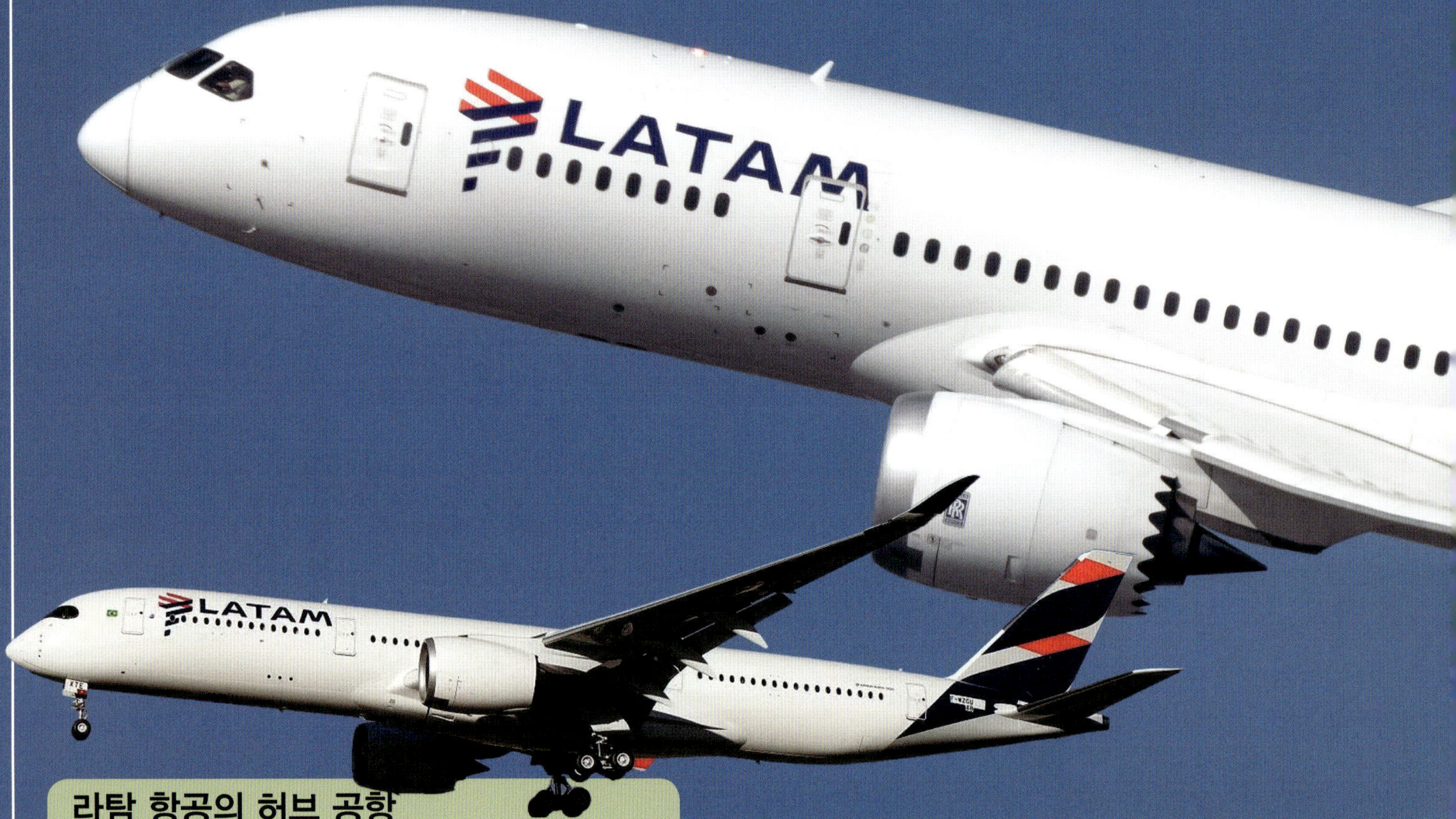

라탐 항공의 허브 공항
- 산티아노 국제공항(칠레)
- 상파울루 구아룰류스 국제공항(브라질)

산티아고 국제공항

라탐 항공을 타보자!

비즈니스석

그중 라탐 칠레 항공은 남아메리카에서 가장 큰 규모의 항공사예요.

두 이름을 조합해서 새로운 이름을 만들었죠.

흥미로운 이야기

과거의 란 항공 비행기

라탐 항공 그룹은 칠레와 브라질이 중심이지만, 합병 이후 콜롬비아·에콰도르·페루·파라과이 등에도 별도의 항공사를 만들었어요. 남아메리카의 1등 항공 회사 답습니다.

아르헨티나
아르헨티나 항공
Aerolíneas Argentinas

아르헨티나 항공은 1949년 국영 기업으로 설립되었어요. 그 후 민간 기업이 되었다가 경영 상황이 안 좋아져 2008년에 다시 국영 기업이 된 역사가 있습니다.
하늘색 색상은 아르헨티나 국기에서 따왔으며, 로고 속의 새는 독수리입니다.

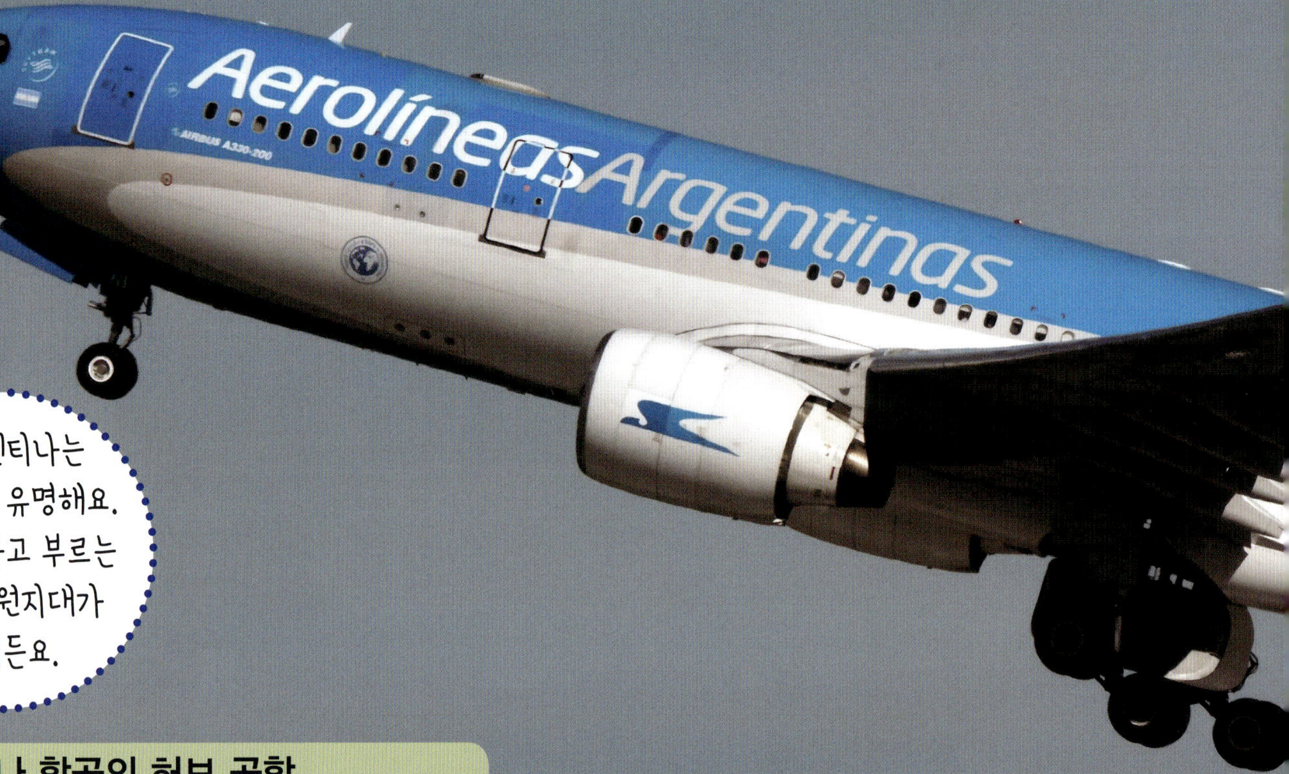

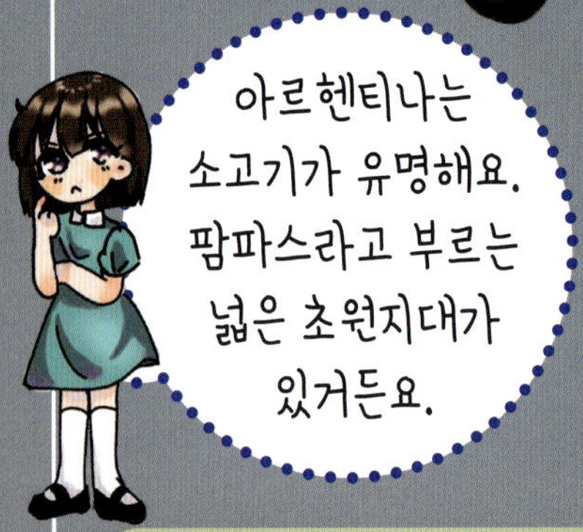

> 아르헨티나는 소고기가 유명해요. 팜파스라고 부르는 넓은 초원지대가 있거든요.

아르헨티나 항공의 허브 공항
● 부에노스 아이레스 호르헤 뉴베리 국제공항

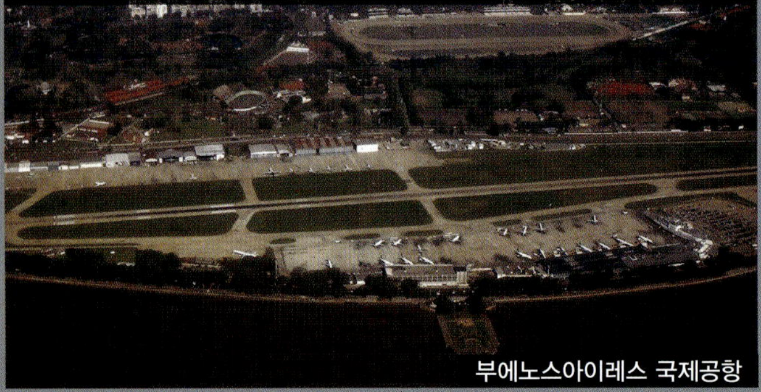

부에노스아이레스 국제공항

아르헨티나 항공을 타보자!

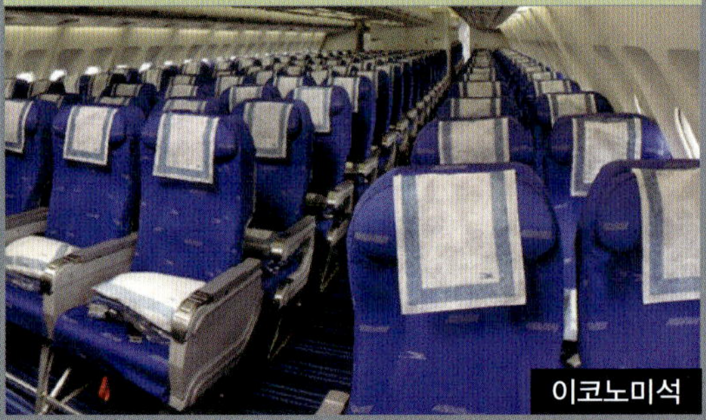

이코노미석

흥미로운 이야기

제트스마트 비행기

2017년 설립된 '제트스마트'는 미국 회사지만, 남아메리카에서 활동하는 저비용 항공사입니다. 비행기 꼬리 날개에는 펭귄, 독수리, 치타 등 각각 다른 동물들이 들어가요.

오세아니아

오세아니아는 호주 대륙과 태평양의 크고 작은 섬들로 이루어져 있습니다. 여섯 개 대륙 중에 땅의 넓이가 가장 작아요.

어떤 나라들이?

호주 대륙에는 호주가 있습니다. 호주의 위쪽 뉴기니 섬에는 인도네시아와 파푸아뉴기니가 있고, 동쪽에는 뉴질랜드가 있어요. 북태평양에는 미국의 영토인 하와이가 있고, 남태평양에는 피지, 바누아투, 통가, 투발루 등 작은 섬나라들이 널찍이 떨어져서 위치해 있습니다.

어떤 자연환경이?

그레이트샌디 사막

호주 대륙 서북부에 있는 사막이에요. 중심에는 모래 언덕이 아닌 돌이 많은 황무지가 있어요. 땅에 염분(소금기)가 많다는 것도 특징입니다.

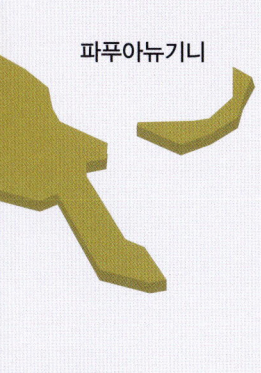
파푸아뉴기니

태평양
태평양은 지구에서 가장 넓은 바다예요. 세계 바다 넓이의 절반을 차지하지요. 오세아니아의 많은 섬나라들이 태평양에 둘러싸여 있습니다.

킬라우에아 화산
하와이 빅 아일랜드에 있는 화산인데, 지금도 왕성하게 활동 중이에요. 2018년 7월에 폭발한 적이 있는데, 용암이 무려 50m 높이까지 치솟았다고 합니다.

그레이트 배리어 리프
호주 북동쪽 해안에 있는 세계에서 가장 큰 산호초 지대입니다. 정말 아름답죠? 길이가 무려 2,000km 이상이래요. '세계 자연유산'으로도 지정되었어요.

뉴질랜드

아오랑기 쿡 산
높이 3,764m의 오세아니아에서 가장 높은 산으로 뉴질랜드에 있어요. '아오랑기'는 원주민들이 부르던 이름이고, '쿡'은 유럽인들이 붙인 이름이라네요.

오세아니아의 유명한 도시들

우리는 국제선 비행기를 탔습니다.
이 비행기는 어디로 향할까요?
국제공항이 있는 오세아니아의 도시들 중 유명한 곳들을 알아봅시다.

호주 & 뉴질랜드

시드니

호주에서 가장 크며, 오세아니아 전체에서도 가장 큰 도시예요. 일 년 내내 따뜻하며 겨울에도 아주 춥지 않아요. 오페라 하우스와 하버 브리지가 유명합니다.

오클랜드

뉴질랜드에서 가장 큰 도시예요. 인구가 적은 나라지만, 오클랜드에 가면 북적북적한 대도시의 분위기를 느낄 수 있어요. 스카이 타워도 방문해 보세요.

북태평양

호놀룰루

호놀룰루는 미국 하와이 주의 최대 도시예요. 오래전 하와이 왕국 시절에는 이곳이 수도였대요. 그래서 궁전도 남아있어요. 관광객들이 정말 많이 찾아옵니다.

하갓냐

낯선 이름이지만, '괌'이라는 섬은 들어보셨을 것입니다. 하갓냐는 괌에서 가장 큰 도시에요. 괌은 미국의 영토이며, 제주도의 3분의 1 크기입니다.

남태평양

포트모르즈비

파푸아뉴기니의 수도입니다. 뉴기니 섬은 동남아시아가 아닌 오세아니아에 속해요. 포트모르즈비는 자연환경이 아름답지만, 치안이 나쁘므로 특별히 조심해야 해요.

수바

수바는 피지의 수도예요. 피지는 우리나라 경상북도보다 살짝 작은 크기의 섬나라랍니다. 피지 국민의 3분의 1이 이곳에 살고 있대요.

포트빌라

포트빌라는 바누아투의 수도예요. 80개가 넘는 바누아투의 섬들을 모두 합하면 우리나라 전라남도 크기가 됩니다. 번지점프가 유래한 곳으로 유명해요.

콴타스 항공

호주

1920년 설립된 콴타스 항공은 오세아니아에서 가장 큰 항공사예요. 콴타스의 뜻은 호주의 옛 지명 두 곳의 약자를 하나로 합친 거랍니다. 로고와 꼬리 날개의 캥거루 그림을 보면 누구든지 호주의 항공사라는 것을 알 수 있을 거예요.

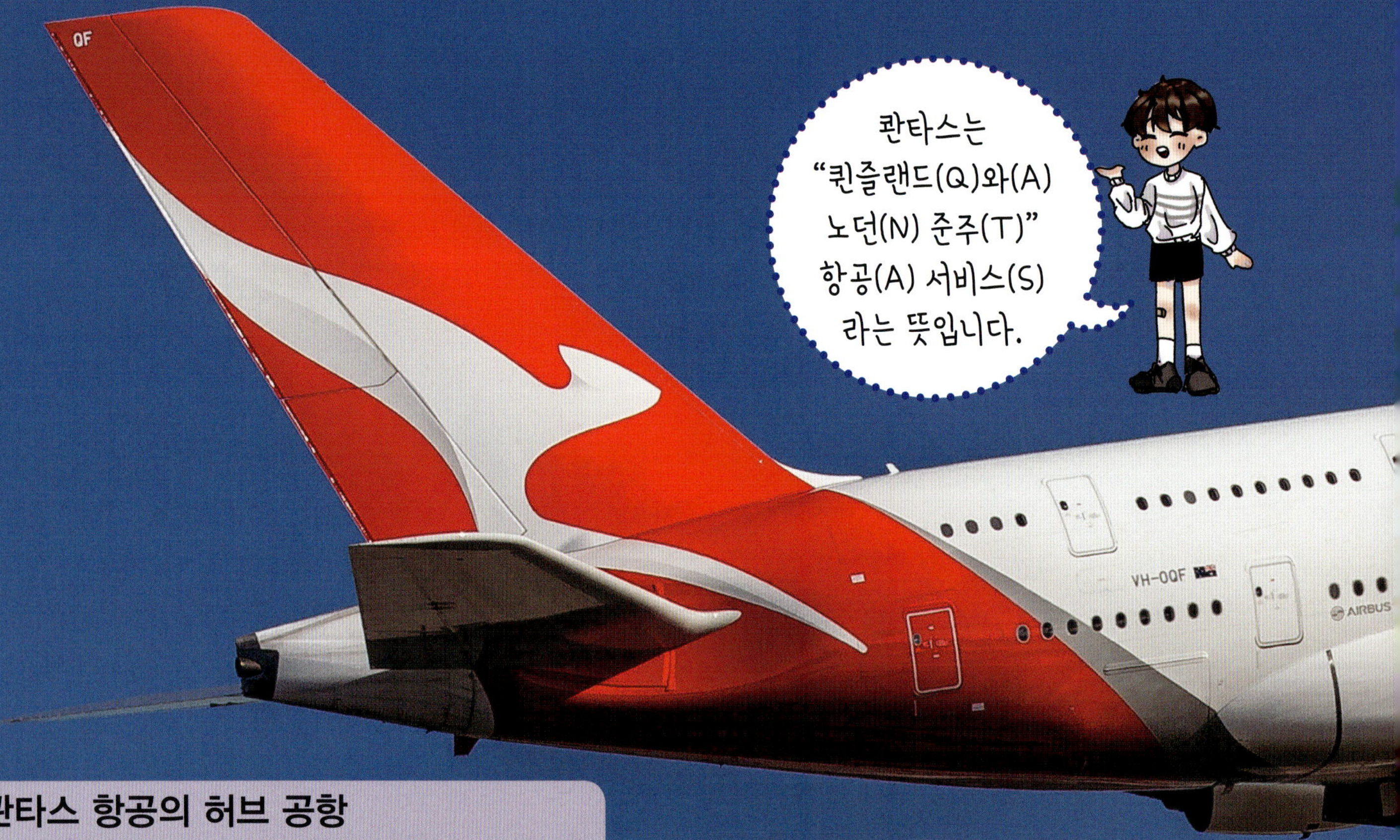

콴타스는 "퀸즐랜드(Q)와(A) 노던(N) 준주(T)" 항공(A) 서비스(S)라는 뜻입니다.

콴타스 항공의 허브 공항

- 시드니 국제공항
- 멜버른 국제공항

시드니 국제공항

콴타스 항공을 타보자!

비즈니스석

흥미로운 이야기

제트스타 비행기

'제트스타'는 2003년 설립된 호주의 저비용 항공사예요. 콴타스의 자회사랍니다. 싱가포르와 일본에도 진출하여 각각 제트스타 아시아, 제트스타 재팬을 설립하였습니다.

뉴질랜드 🇳🇿
에어 뉴질랜드 *AIR NEW ZEALAND*

1939년 설립된 에어 뉴질랜드의 첫 취항지는 호주의 시드니였다고 합니다. 두 나라는 아주 가까워요. 로고 그림은 뉴질랜드의 원주민인 마오리족의 전통 문양인데요, 뉴질랜드를 대표하는 식물인 은빛 고사리의 잎을 아름답게 표현한 것입니다.

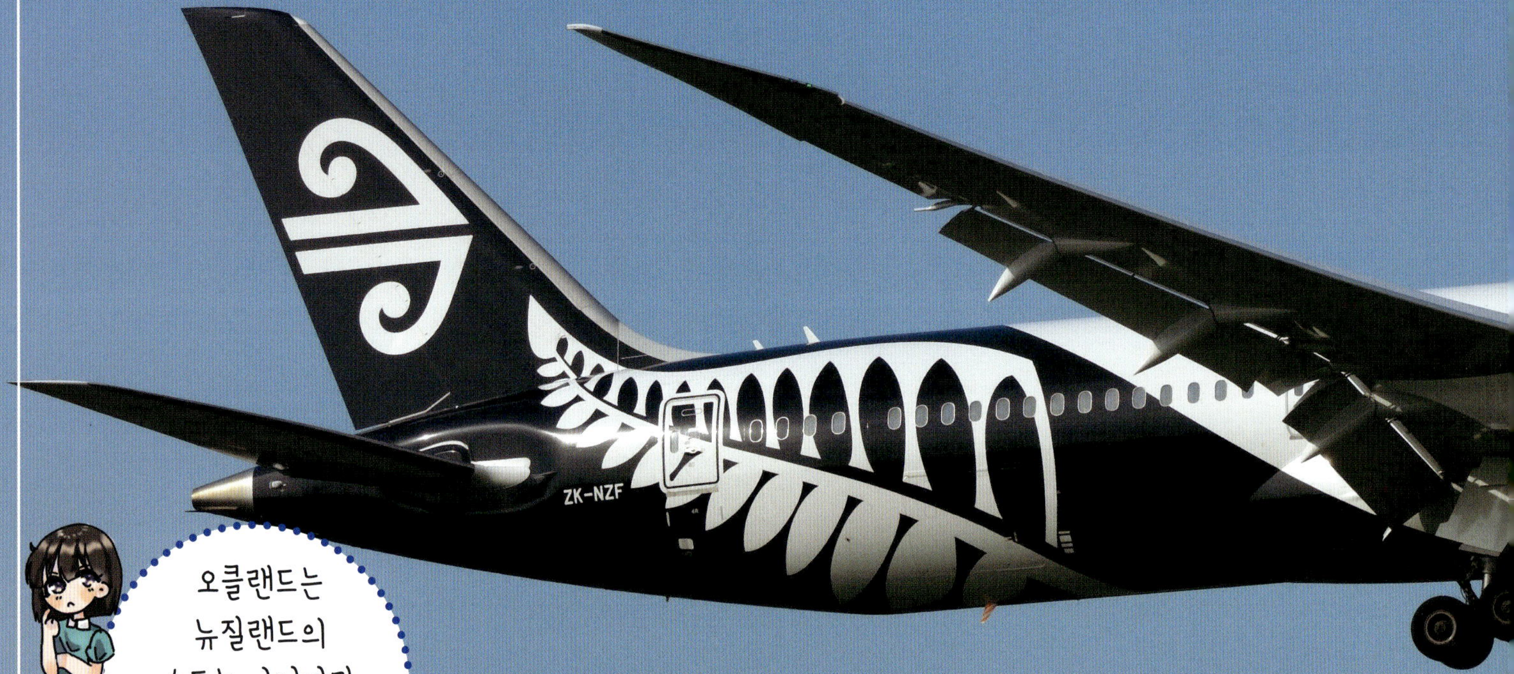

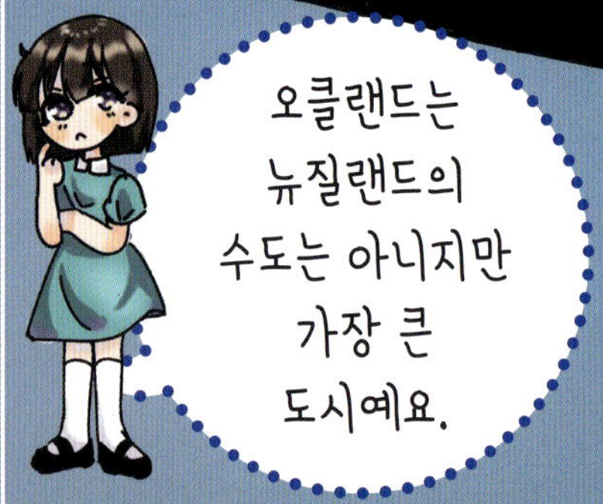

> 오클랜드는 뉴질랜드의 수도는 아니지만 가장 큰 도시예요.

에어 뉴질랜드의 허브 공항

● 오클랜드 국제공항

에어 뉴질랜드를 타보자!

이코노미석

뉴질랜드에는 마오리족이 살고 있습니다. 혀를 내밀며 추는 전통 춤, 코와 코를 비비는 인사법으로 유명하지요. 1200~1300년 경 뉴질랜드 땅에 들어와 정착했다고 합니다.

마오리족의 인사법

피지
피지 항공 FIJI AIRWAYS

피지 항공은 1951년 설립되었어요. 원래는 '에어 퍼시픽'이란 이름으로 운영하다가 2013년에 피지 항공으로 이름을 바꿨습니다. 피지의 정체성을 살리기 위해서, 로고와 꼬리 날개의 그림을 '마시'라고 하는 피지의 전통 직물 문양에서 따왔어요.

피지 항공의 허브 공항
- 난디 국제공항
- 수바 나우소리 국제공항

난디 국제공항

피지 항공을 타보자!

비즈니스석

피지의 섬을 모두 합치면 경상북도보다 살짝 작고, 제주도보다 9배 크다고 해요.

흥미로운 이야기

'마시'란 피지의 여성이 나무껍질 섬유를 이용하여 만든 전통 직물을 말하는데요. 크기와 용도가 다양하며, 오늘날에도 아름다운 공예품으로 널리 사랑받고 있습니다.

피지 전통 마시

파푸아 뉴기니
에어 뉴기니 Air Niugini

에어 뉴기니는 1973년 설립되었어요. 파푸아뉴기니는 오세아니아에서 호주 다음으로 넓은 영토를 가진 나라이므로, 국내선 노선이 잘 발달되어 있어요.
로고 그림은 뉴기니 섬의 남동부에 살고 있는 '라기아나 극락조'라는 새랍니다.

에어 뉴기니의 허브 공항

● 포트모르즈비 잭슨 국제공항

포트모르즈비 잭슨 국제공항

에어 뉴기니를 타보자!

이코노미석

라기아나 극락조는 파푸아뉴기니의 국조이며, 국기에도 그려져 있어요.

흥미로운 이야기

뉴기니 섬은 오세아니아에서 가장 큰 섬이에요. 섬의 서쪽은 인도네시아, 섬의 동쪽은 파푸아뉴기니입니다. 인도네시아는 아시아뿐 아니라 오세아니아에도 영토가 있어요.

뉴기니 섬 지도

바누아투
에어 바누아투 *Air Vanuatu*

> 바누아투는 번지점프가 유래한 나라입니다. 전통적인 성인식 행사였다는군요.

에어 바누아투의 허브 공항
● 포트빌라 바우어필드 국제공항

포트빌라 바우어필드 국제공항

에어 바누아투를 타보자!

비즈니스석

바누아투는 80개 이상의 섬으로 이뤄진 인구 30만 명의 작은 나라예요. 에어 바누아투는 1981년 설립되었는데, 섬이 많으므로 국내선 노선도 많습니다. 바다, 화산, 야자수 등 바누아투가 가진 아름다운 자연환경을 비행기 도색에 표현했습니다.

흥미로운 이야기

에어 바누아투의 국제선 노선도를 보며, 오세아니아 국가들의 위치를 살펴볼까요. 서쪽에는 호주 대륙이 있고, 북쪽에는 파푸아뉴기니, 남쪽에는 뉴질랜드가 있네요.

에어 바누아투의 국제선 노선도

5개의 큰 바다

아시아, 유럽, 아프리카, 북아메리카, 남아메리카, 오세아니아까지
지구에는 6개의 대륙이 있습니다. 사람이 살지 않는 남극을 포함하면 7개의 대륙이지요.
그리고 각 대륙을 감싸고 있는 엄청나게 큰 바다들이 있는데요.
이 바다들을 "대양"이라고 부릅니다.
지구의 바다를 이루는 다섯 개의 대양을 알아봐요.

태평양

아시아·오세아니아와 남·북아메리카 사이에 있는 바다입니다. 지구에서 가장 큰 바다예요. 우리나라의 동해와 필리핀해, 베링 해 등이 태평양 안에 들어갑니다.

대서양

북극해

지구에서 네 번째로 큰 북극의 바다입니다. 온도가 낮으므로, 대부분 두껍게 얼어 있어요. 러시아, 캐나다, 미국(알래스카), 북유럽 국가들에 둘러싸여 있습니다.

남극해

남극 대륙을 둘러싸고 있는 바다로, 북극해보다는 크기가 작습니다. 이곳에서 펭귄을 볼 수 있어요. 호주, 뉴질랜드, 칠레, 아르헨티나 등이 가깝습니다.

남·북아메리카와 유럽·아프리카 사이에 있는 바다입니다. 지구에서 태평양 다음으로 큰 바다예요. 카리브 해, 멕시코 만 등이 대서양 안에 들어갑니다.

인도양

아프리카와 남아시아, 오세아니아 등에 둘러싸여 있는 바다입니다. 지구에서 세 번째로 큰 바다예요. 아라비아 해, 뱅골 만 등이 인도양 안에 들어갑니다.

유아들을 위한 그림책이 나왔어요!

세상 처음 시리즈 탄생

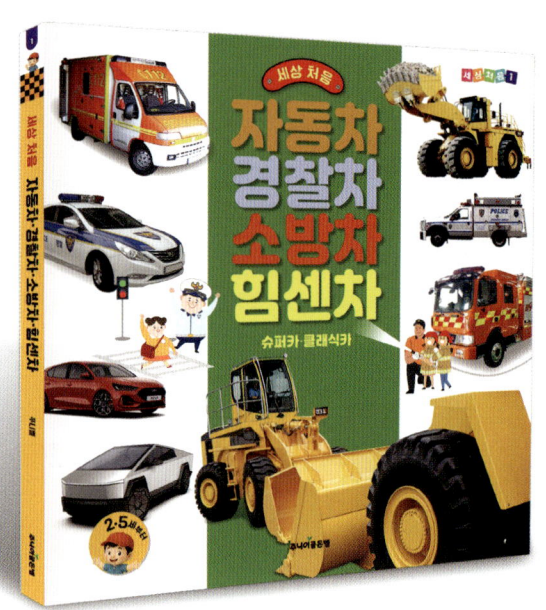

세상 처음 1

자동차 경찰차 소방차 힘센차
슈퍼카 클래식카

기획편성 | 쭈니벨

붕붕! 탈것 친구들

"엄마! 저 차는 뭐예요?",
"아빠! 흙을 푸는 차도 있어요!"
하루에도 수십 번, 우리 아이들의 눈과 귀를 사로잡는 멋진 탈것들!
드디어 아이들이 가장 사랑하는 자동차, 경찰차, 소방차, 힘 센 중장비를 한 권에 담은 그림책이 나왔습니다!
아이들은 책을 읽으며 자연스럽게 다양한 탈것의 이름과 역할은 물론, 사물 인지 능력과 어휘력까지 쑥쑥 키울 수 있답니다!

「세상 처음」 시리즈 출시 예정

똑똑 도서관

쭈니벨의 「세상가득」 시리즈

똑똑도서관 1
세상가득 꼼꼼경제
글: 안명철 그림: 이도연

똑똑도서관 2
지구촌을 개척하는 아이들
글: 지식발전소

똑똑도서관 3
부릅뜨고 꼼꼼 안전
글: 이미현

똑똑도서관 4
부릅뜨고 똑똑 표지판
글: 이미현

똑똑도서관 5
마술같은 과학실험 교과서
글: 주니어 과학교실

똑똑도서관 6
어린이 기상예보
감수: 서태건, 구마 켄이치

똑똑도서관 7
그럼, 인공지능 IQ는 얼마지?
글: 야마구치 유미

똑똑도서관 8
우주정거장 10일 동안 살아보기
글: 데라조노 준야
감수: 백윤형